Annemarie Kolbe
Der Yorkshire Terrier

Herausgegeben unter dem Patronat des
Verbandes für das Deutsche Hundewesen e.V.,
44141 Dortmund

Annemarie Kolbe

Der Yorkshire Terrier

Praktische Ratschläge für Haltung, Pflege und Erziehung

5., neubearbeitete Auflage
Mit 38 Abbildungen, davon 33 farbig

Parey Buchverlag Berlin 1997

Parey-Buchverlag im
Blackwell Wissenschafts-Verlag
Kurfürstendamm 57, D-10707 Berlin

Das Kapitel „Gesundheit" wurde von Dr. med. vet. Peter Brehm verfaßt; das Kapitel „Ernährung" von Dipl. med. vet. Lutz Salomon.

Die Wiedergabe von Gebrauchsnamen, Handelsnamen, Warenbezeichnungen usw. in diesem Buch berechtigt auch ohne besondere Kennzeichnung nicht zu der Annahme, daß solche Namen im Sinne der Warenzeichen- u. Markenschutzgesetzgebung als frei zu betrachten wären und daher von jedermann benutzt werden dürften.

Dieses Werk ist urheberrechtlich geschützt. Die dadurch begründeten Rechte, insbesondere die der Übersetzung, des Nachdrucks, des Vortrages, der Entnahme von Abbildungen und Tabellen, der Funksendung, der Mikroverfilmung oder der Vervielfältigung auf anderen Wegen und der Speicherung in Datenverarbeitungsanlagen, bleiben, auch nur bei auszugsweiser Verwertung, vorbehalten. Eine Vervielfältigung dieses Werkes oder von Teilen dieses Werkes ist auch im Einzelfall nur in den Grenzen der gesetzlichen Bestimmungen des Urheberrechtsgesetzes der Bundesrepublik Deutschland vom 9. September 1965 in der Fassung vom 24. Juni 1985 zulässig. Sie ist grundsätzlich vergütungspflichtig. Zuwiderhandlungen unterliegen den Strafbestimmungen des Urheberrechtsgesetzes.

Die Deutsche Bibliothek – CIP-Einheitsaufnahme

> Der **Yorkshire-Terrier** : praktische Ratschläge für Haltung, Pflege und Erziehung / Annemarie Kolbe. [Das Kap. „Gesundheit" wurde von Peter Brehm verf., das Kap. „Ernährung" von Lutz Salomon]. – 5., neubearbeitete Aufl. – Berlin : Parey, 1997
> (Dein Hund)
> 97.01.00
> ISBN 3-8263-8435-0
> NE: Kolbe, Annemarie

1. bis 4. Auflage: © 1985–1993 Paul Parey, Hamburg
5. Auflage: © 1997 Blackwell Wissenschafts-Verlag, Berlin · Wien

Einbandgestaltung: Rudolf Hübler, Berlin, unter Verwendung einer Abbildung von der Bildagentur Roberto Tierfotografie, Gronau.

Satz und Repro: Type-Design, Berlin
Druck und Bindung: Grafos S.A., Arte sobre papel, Barcelona

Gedruckt auf chlorfrei gebleichtem Papier

Printed in Spain • ISBN 3-8263-8435-0

Vorwort

Dieses Buch ist hauptsächlich für den sogenannten Laien gedacht, für alle, die bereits einen Yorkshire Terrier als Haushund halten, sowie für diejenigen, die sich dafür interessieren.

Züchter und solche, die es werden wollen, benötigen weitergehende Literatur. Aber vielleicht findet auch dieser Personenkreis in den gegebenen Tips für Aufzucht und Haltung einiges, das er weitergeben kann. Besonders einem langjährigen Züchter ist so manches längst selbstverständlich geworden, und darum denkt er nicht daran, daß ein Neuling speziell in der Yorkshire-Terrier-Haltung vieles nicht wissen kann.

Wenn dieses Buch dazu beiträgt, daß jeder als Haushund gehaltene Yorkshire Terrier ein seiner Art entsprechendes Hundeleben führen darf, ist der Sinn und Zweck dieser Publikation erfüllt.

Horst in Holstein, im Herbst 1996
Annemarie Kolbe

„DER FORMULA QUALITY STANDARD SETZT NEUE MASSTÄBE IN DER HUNDE-ERNÄHRUNG."

(Dr. Ivan Burger, leitender Ernährungswissenschaftler in unserem Waltham® Centre für Heimtierhaltung und -ernährung)

Neue Erkenntnisse in der Hunde-Ernährung fordern neue Maßstäbe: Den **FORMULA QUALITY STANDARD.**

Dieser Standard ist das Resultat eingehender Studien unserer Ernährungswissenschaftler und Tierärzte in **Waltham®**, der Welt-Autorität für Heimtierhaltung und -ernährung.

Der **FORMULA QUALITY STANDARD** verlangt höchste Qualität der Zutaten und gewährleistet eine optimale Verdaulichkeit. Außerdem werden **Protein-Quelle,** Beschaffenheit der Kohlenhydrate, Vitamine und auch Mineralstoffe in der Hunde-Nahrung genau festgelegt, um das Risiko sensibler und allergischer Reaktionen so gering wie möglich zu halten.

Das Ergebnis: Die **ADVANCE FORMULA Range**. Hunde-Nahrung, die vollständig diesen höchsten Maßstäben entspricht und exakt auf Hunde ausgerichtet wurde, bei deren Ernährung **spezielle Ansprüche** erfüllt werden sollen.

Und welchem Standard entspricht die tägliche Ernährung Ihres Hundes?

Mit unseren Tierärzten entwickelt, von erfolgreichen Züchtern empfohlen.

ADVANCE FORMULA. Im führenden Fachhandel erhältlich. Bezugsquellen nennen wir Ihnen unter: 01 30/12 22 23

Inhalt

Herkunft 9

Yorkshire Terrier in Deutschland 16

Standard und Rassebeschreibung 23

Ein Yorkshire Terrier soll es sein 28

Der Erwerb eines Yorkshire Terriers 32

Vorbereitungen zu Hause und Einzug 38

Erziehung und Haltung 46

Pflege mit allem Drum und Dran 55

Auf Reisen und im Urlaub 63

Ausstellung und Zucht 67

Ernährung 73
Der Hund braucht mehr als Fleisch – Das Verdauungssystem spaltet die Nahrung auf – Hohe Energieausbeute nur bei hochverdaulicher Nahrung – Eiweiße sind Baustoff, Energieträger und Wirkstoff zugleich – Wachsende Hunde benötigen spezielle Nahrung – Fertignahrung ist hochwertig, sicher und bequem – Wichtige Tips zur Fütterung Ihres Hundes

Gesundheit 83
Vorbeugen ist besser als heilen – Erste Hilfe tut not – Alarmzeichen – Infektionen bedrohen die Gesundheit – Impfungen schützen vor diesen Infektionskrankheiten – Gegen andere Infektionen schützt Vorsicht – Wurmkuren gegen unerwünschte Kostgänger – Gefahren für die menschliche Gesundheit?

Inhalt

Der Yorkshire Terrier im Alter 98

Anhang. 100
Anschriften, die Sie kennen sollten – Literatur – Bildnachweis

Herkunft

Hundeausstellungen haben ihren Ursprung in Großbritannien. Man begann damit auf regionaler Basis, ohne Regeln und ohne Einteilung nach Rassen in Klassen, so wie es heutzutage üblich ist. Mit dem Ausbau des Eisenbahnnetzes war es Interessierten möglich, entfernter liegende Veranstaltungen dieser Art zu besuchen, das Interesse nahm landesweit zu, und damit wurde eine straffe Organisation notwendig. Die erste offizielle Hundeausstellung mit Klassen wird Newcastle-upon-Tyne (im Juni 1859) zugeschrieben. Die Idee machte rasch Schule. Bereits zehn Jahre später gab es einen regelrechten Ausstellungskalender mit Terminen über das ganze Jahr verteilt.

Auf einer Ausstellung in Leeds im Jahr 1861 war eine Klasse ausgeschrieben für Scotch Terrier; man darf diese Bezeichnung nicht auf die heute als Scottish Terrier anerkannte Rasse beziehen. Damals galt dies für Hunde, die schottischen Ursprungs waren, aus Schottland kamen. In der genannten Klasse auf der Leeds-Ausstellung sah man jedoch statt der üblichen Cairn-, Skye- und Dandie-Dinmont-Terrier einen Hund vom Typ Yorkshire Terrier. Gewiß entsprach er keinesfalls unseren heutigen Vorstellungen, aber der Typ stimmte schon.

Bald danach wurde auf Ausstellungen eine Klasse für „Broken Haired Scotch or Yorkshire Terrier" eingeführt, und unter dieser Zusammenfassung wurde der Yorkshire Terrier auch nach der Gründung des Kennel Club (London) – in der Folge kurz KC genannt – sowohl im Zucht- wie im studbook geführt. Ein separates Register erhielt der Yorkshire Terrier erst 1886, nachdem der Redakteur von „The Field" in einem scharf formulierten Artikel darauf verwies, daß es an der Zeit sei, diese Diskriminierung zu beenden; dem durchgezüchteten Yorkshire Terrier gehöre ein eigenes Register.

Es handelt sich demnach beim Yorkshire Terrier um eine Neuzüchtung aus dem vorigen Jahrhundert; um so erstaunlicher ist die Tatsache, daß man so gut wie nichts weiß über seine Entstehung. Diese völlige Unkenntnis wird nur verständlich, wenn man versucht, sich in etwa in die damalige Zeit zurückzuversetzen. Die industrielle Revolution, die bekanntlich etwa 1785 zuerst in England und bald darauf auch in anderen westeuropäischen Ländern einsetzte, veränderte die gesellschaftli-

Herkunft

Der wache Blick in die Welt

che Struktur und die Siedlungsordnung beträchtlich. Der Übergang zur maschinellen Erzeugung in Großbetrieben begann in der Regel in der Textilindustrie. Und genau in die ersten mechanischen Webereien, besonders in der Grafschaft Yorkshire, oder, richtiger ausgedrückt, zu den dort Beschäftigten läßt sich der Anfang einer gezielten Zucht zurückverfolgen. Viele Autoren verweisen noch zu Beginn unseres Jahrhunderts darauf, daß man die besten Zuchten nicht etwa in den „reichen Häusern", sondern „in the homes of the poor" findet. Diese Familien waren durchaus bereit, ihre bescheidene Behausung mit Hunden zu teilen. Hier wurde strikt selektiert, denn nur erstklassige Exemplare waren gefragt und brachten zum kargen Lohn das für den Lebensunterhalt dieser meist kinderreichen Familien notwendige finanzielle Zubrot.

So wird auch verständlich, warum keinerlei Aufzeichnungen existieren über Ausgangsart und Einkreuzungen zur Verbesserung, man ist auf Vermutungen angewiesen. Sicherlich wurden untereinander Hündinnen ausgetauscht, bestimmt wohl auch mal ein besonders schöner Rüde aus anderer Zucht verwandt, aber die Grundlagen des Erfolges blieben ein Familiengeheimnis. Und wohl auch die Tatsache, daß Bildung, und sei es nur lesen und schreiben lernen, den besser gestellten Kreisen vorbehalten war, spielt sicherlich mit eine Rolle. Allgemein ist bekannt, daß beim Einsetzen der industriellen Revolution viele Menschen aus unterentwickelten Gebieten auf den Britischen Inseln, vorwiegend aus Schottland, den Weg in die Textilfabriken von Yorkshire fanden. So darf vermutet werden, daß die Ausgangsart für die Zucht des heute als Yorkshire Terrier bekannten Kleinhundes aus dem Norden stammt. Dafür spricht neben dem später beim KC geführten Register „Broken Haired Scotch und Yorkshire Terrier" auch, daß es besonders im Grenzgebiet von Schottland zu England zwei heute nicht mehr existierende Terrierarten gab, die in vielen Punkten, insbesondere dem überreichen Haarkleid, dem damaligen Yorkshire Terrier sehr ähnlich waren. Bewußt wird jedoch hier auf die Aufzählung aller von vielen Autoren genannten (oft sinnlos voneinander abgeschriebenen) „Rassen" verzichtet. Es würde nur verwirren; etliche der als mögliche Einkreuzungen angeführten „Rassen" haben ihr Aussehen doch gewaltig verändert, andere gibt es überhaupt nicht mehr.

Eine plausible Erklärung für zwei Fragen läßt sich jedoch leichter finden. Einmal die Antwort darauf, warum diese Menschen sich ausgerechnet einer sportlichen Kleinhundeart verschrieben: Das Privileg, sogenannte Sporting-dogs und auch die verschiedenen Jagdhundrassen zu halten und zu züchten, lag bei der damaligen Oberschicht. Unabhängig von dieser Einschränkung, wäre es den armen Arbeiterfamilien unmöglich gewesen, schon aus räumlichen und finanziellen Gegebenheiten, derartige größere und große Hunde aufzuziehen und zu füttern. Zum anderen die Beantwortung, warum es gerade ein raubzeugscharfer, aber doch gefälliger und sehr ansehnlicher Hund sein sollte: Die Ratten- und Mäuseplage war groß, da es eine geregelte Abfallbeseitigung noch nicht gab. Die gefräßigen Nager waren überall und oft eine Gefahr für Leben und Gesundheit. Zwar gab es scharfe und bei der Bekämpfung dieses Ungeziefers erfolgreich arbeitende Terrierarten, diese waren im allgemeinen aber doch sehr häßlich. Man darf getrost einen gewissen Schönheitssinn bei diesen tagein, tagaus an den

Maschinen wunderschön gefärbte Stoffe Webenden voraussetzen. So hat auch sicherlich Stonehenge, einer der seinerzeit maßgeblichen Kynologen, 1886 vom Yorkshire Terrier als „wunderschön schattiert in kunstvollen Huddersfield-Farben" mit Blick auf die in den dortigen Textil-Webereien beschäftigten Yorkie-Züchter geschrieben. Und wer weiß, vielleicht ist der tägliche Umgang mit Stoffen der auslösende Faktor dafür gewesen, daß man auch bei den Hunden ein langes, wunderschön anzusehendes Haarkleid anstrebte.

Nebenbei bemerkt, diese Raubzeugschärfe, auf die in den Anfängen der Zucht so große Bedeutung gelegt wurde, besitzen die heutigen Yorkshire Terrier immer noch. Sie vererbt sich konstant von Generation zu Generation. Man lasse sich nicht täuschen von den ruhig und diszipliniert im Ausstellungsring stehenden Yorkies, dieses gezeigte Verhalten ist ausschließlich Training.

Es ist immer wieder erstaunlich, mit welch sicherem Gefühl für die richtige „Mischung" britische Züchter zu Beginn einer Rasse-Reinzucht vorgegangen sind. Heutige Züchter mit all den ihnen zur Verfügung stehenden Erkenntnissen der Vererbungsforschung können nur hochachtungsvoll den Hut ziehen. Zur schnellen Festigung erwünschter Merkmale hat bestimmt ebenfalls eine sehr strenge Selektion beigetragen: Es wurde nicht alles aufgezogen oder zumindest für die Weiterzucht verwendet, was nicht in sehr hohem Maße den gestellten Anforderungen entsprach. Aber sicherlich war damals auch nicht jeder, der eine Hündin besaß, aufgelegt, nun damit einen Wurf zu ziehen. Wie bewußt gezielt seinerzeit beim Yorkie auf eine Vollkommenheit hin gezüchtet wurde, zeigt das Studium der Ahnentafel vom heute als „Vater der Rasse" apostrophierten Rüden Huddersfield Ben KC SB. Nr. 3612 (siehe S. 13).

Dieser Rüde, geworfen 1865, leider schon 1871 durch einen Unfall ums Leben gekommen, war ein Glücksfall für die in den Anfängen stehende Yorkshire-Terrier-Zucht. Nicht nur, daß er auf Ausstellungen 74 (so ist es überliefert) Preise gewonnen hat, daneben war er sehr erfolgreich in den damaligen Rattentötungs-Wettbewerben. Huddersfield Ben wurde intensiv in der Weiterzucht eingesetzt und vererbte durchschlagend die in seinem Erbgut durch intensive Inzucht gefestigten vorzüglichen und rassetypischen Merkmale.

Ben selber war, dem damaligen Stand in der Zucht entsprechend, noch recht groß und schwer, aber schon eine seiner auf Ausstellungen und in der Zucht erfolgreichen Töchter ist bedeutend niedriger und zeigt auf überlieferten Abbildungen sehr

Die Ahnentafel von Huddersfield Ben:

Eltern	Großeltern	Urgroßeltern	Ur-Ur-Großeltern
Vater Mr. Boscovitch's Dog	Ramsden's Bounce	Ramsden's Bob	Haigh's Teddy Old Dolly
		Old Dolly	Albert
	Eastwood's Lady	Eastwood's Old Ben	Ramsden's Old Ben Young Dolly
		Young Dolly	Old Sandy Old Dolly
Mutter Eastwood's Lady	Eastwood's Old Ben	Ramsden's Bounce	Ramsden's Bob Old Dolly
		Young Dolly	Old Sandy Old Dolly
	Young Dolly	Old Sandy	Haigh's Teddy Kitty
		Old Dolly	Albert

viel mehr, fast bis zum Boden reichendes Haarkleid.

Behaarung und auch Größe (Gewicht) änderten sich jedoch rasch, näherten sich dem Ideal. Von dem 1885 für die damals immense Summe von 250 Pfund Sterling nach den USA verkauften Conqueror (siehe Bild S. 14) wird gesagt, daß sein Haarkleid am Körper 26 inches, am Kopf 23 1/2 und am Fang 18 1/2 inches lang gewesen sei (1 inch = 2,54 cm); das Gewicht wurde mit etwa 5 1/2 engl. pounds (1 engl. pound = 454 Gramm) angegeben.

Beckmann erwähnt in seiner Beschreibung des Yorkshire Terriers unter anderem die Ausstellung von petdogs (Haushunden) in London 1893. Hier soll eine im Besitz von Mrs. Fowler stehende Hündin zwar das längste Haar gehabt, aber nicht gewonnen haben, da sie zu dunkelfarbig war. Der kleinste Yorkshire habe ein Gewicht von nur 2 engl. pounds gehabt, sei äußerst lebendig und mit schönem Kopf und gutem Haar gewesen. Nach Beckmann variierte die Schulterhöhe damals zwischen 20 bis 30 cm, die Länge von

Herkunft

Champion Bradford Hero, Champion Conqueror und Violet

der Nase bis zum Rutenansatz zwischen 40 bis 56 cm, und das Gewicht ging von 4 bis 10 Pfund.

Zu Beginn unseres Jahrhunderts hatte sich die Zucht stabilisiert; obwohl es immer noch recht große (schwere) Yorkies gab, hatten die vielfachen Gewinner durchaus schon das Gewicht der heutigen vorzüglichen Yorkshire Terrier. Man kann natürlich auch daraus schließen, daß schon damals, so wie heute, die größeren selten ausgestellt wurden. Aus erhalten gebliebenen Briefwechseln und Artikeln darf man entnehmen, daß damals wie heute die Farbe Anlaß war zu Auseinandersetzungen. Da wird von dark steel-blue, von silver oder auch von pale-coloured geschrieben; hingegen liest man wenig über die Textur der Behaarung und auch nicht viel über zum Beispiel zu lange Rücken, obwohl viele der damals gezüchteten und ausgestellten Yorkies ausgesprochen langrückig waren.

Zwar kann man nach den Rassen-Registrierungen beim KC nur sehr bedingt auf Zuchttätigkeiten und damit Popularität urteilen, es wurde (und wird) im Gegensatz zu kontinentalen Gebräuchen nicht jeder

Wurf, nicht jeder Welpe quasi automatisch beim KC registriert. Die als pet verkauften Hunde erhalten lediglich einen Ahnennachweis, den der betreffende Züchter ausstellt. Um ausstellen zu können, ist jedoch eine Registrierung erforderlich, denn der KC vermerkt jede Placierung. Ferner wird der Besitzwechsel eines registrierten Hundes beim KC notiert. Und so findet man in Katalogen britischer Ausstellungen des öfteren hinter dem Namen des Hundes (N.A.F.) = name applied for = Name beantragt oder (T.A.F.) = transfer applied for = Besitzwechsel angemeldet.

Die Eintragungszahlen für Yorkshire Terrier stiegen jedenfalls zunächst ständig an, es hatten sich viele neue Züchter gefunden. Langsam begann jedoch das Interesse abzubröckeln, andere Kleinhunde, zum Beispiel der Malteser, liefen dem Yorkie den Rang ab. Den absoluten Minusrekord an Registrierungen brachte mit 74 das Jahr 1940, um danach jedoch bald bemerkenswert anzusteigen. In den 70er Jahren tat die übersteigerte Nachfrage ein übriges, Yorkshire Terrier führten sowohl in der Zahl der registrierten wie exportierten Rassen-Liste. Sicherlich hat die Beliebtheit – nicht die durch eine Modetorheit hervorgerufene Nachfrage – auch etwas mit den heute gegebenen Wohnverhältnissen, insbesondere in übervölkerten Städten, zu tun. Für solch einen winzigen Kobold läßt sich bei allem ihm eigenen Temperament auch in kleinen Räumen ein Plätzchen finden. Man kann ihn außerdem bequem, notfalls in der Tragetasche, fast überall mit hin nehmen; er ist vorzugsweise für ältere Menschen, sofern sie rüstig genug sind, die notwendigen Spaziergänge zu machen, ein idealer Gesellschafter. Er ist wachsam und sehr lernbegierig und, falls er nicht von Jugend auf verhätschelt wurde, erstaunlich widerstandsfähig. Sein kecker Blick und sein unerschrockenes Wesen beweisen, daß er ein Terrier in Kleinformat ist. Gut gepflegt wird er mit dem seidig glänzenden Haar – auch wenn es nicht so lang ist wie bei den Schönheiten auf einer Zuchtschau – immer eine Augenweide sein.

Achten Sie einmal auf die Cartoons von „Wurzel", die in vielen Zeitschriften erscheinen. Ein Spielfreund von Wurzel ist unter anderem auch ein Yorkie, und jedes der Abenteuer, die dieser gezeichnete kleine Yorkie erlebt, ist durchaus aus dem Leben gegriffen.

Yorkshire Terrier in Deutschland

Weitgehend unbekannt ist, daß es schon im vergangenen Jahrhundert bei uns Yorkshire gegeben hat. So schreibt zum Beispiel der Tiermaler und Kynologe Jean Bungartz in seinem 1888 herausgegebenen Buch „Der Luxushund. Anleitung zur Kenntnis, Aufzucht und Abrichtung aller nicht zur Jagd benutzten Hunde" sehr ausführlich und sachverständig über Yorkshire Terrier; hat er doch selber mehrere besessen und auch gezüchtet. Bungartz schließt seine noch heute gültigen Pflegeanweisungen mit einer Feststellung ab, die mehr denn je aktuell ist: „Pflege verlangen die Yorkshire wie keine andere Rasse, und wer nicht Lust und Zeit hat, den Tag über seinem Pflegebefohlenen ein Stündchen für Toilette zu widmen, lasse ruhig die Hand davon, denn so wunderbar schön ein gut gepflegter Yorkshire ausschaut, so abschreckend häßlich präsentiert er sich bei vernachlässigter Körperpflege."

Auf der Seite 76 jenes Buches werden zwei weitere Züchter genannt: Adolf Greiffenberg in Schweidnitz (Schlesien) und Gustav Lang, Stuttgart. Letzterer berichtete auch des öfteren in der Zeitschrift „Hundesport" über den Yorkshire und scheint im ständigen Gedankenaustausch mit britischen Züchtern gestanden zu haben.

Ein anderer deutscher Kynologe, ebenfalls Jagd- und Tiermaler, Ludwig Beckmann, befaßt sich im zweiten Band der 1895 von ihm herausgegebenen „Geschichte und Beschreibung der Rassen des Hundes" ausgiebig mit Yorkshire Terriern. Hier läßt sich unter anderem der Hinweis finden, daß schon 1883 auf einer Berliner Ausstellung zwölf Yorkshire zu sehen waren. Beckmanns Zeichnung von drei Yorkshire Terriern, welche klar ersichtlich ein langes, glattes und bis zum Boden reichendes Haar aufweisen, korrigiert die oft verbreitete Meinung, daß langes Haar beim Yorkshire eine Übertreibung der Jetztzeit sei. Der einzige Unterschied zwischen diesen drei gezeichneten Schönheiten und den Champions unserer Tage besteht darin, daß man damals die langen Kopfhaare noch nicht mit einer Schleife zusammengebunden hat; der Scheitel wurde von der Nasenspitze bis zur Rute gleichmäßig geführt, und die langen Kopfhaare fielen über die Augen.

Bedauerlicherweise fehlen (mir) gesicherte Unterlagen über die Rasse

Unternehmungslustiges Trio

vom Anfang unseres Jahrhunderts bis zu dem Zeitpunkt (1. 1. 1939), als die damalige „Reichsfachgruppe Deutsches Hundewesen" (RDH) die Betreuung und zuchtbuchgemäße Erfassung der Yorkshire Terrier der „Fachschaft für Terrier" (als Klub für „Rauhhaarige Terrier" 1894 gegründet – heute „Klub für Terrier e. V.") übertrug. Die Eintragungen im Zuchtbuch für das Jahr 1939 beginnen mit Nr. 89, was beweist, daß es zumindest vorher 88 in anerkannten deutschen Zuchtbüchern wie beispielsweise DHST oder RZB gegeben hat. Und unter den 1643 Hunden auf der Reichssiegerausstellung am 20. 10. 1934 in Berlin muß es zumindest einen Yorkshire gegeben haben, denn als Vaterrüde taucht bei Eintragungen mehrfach Bubi v. Enzian RZB 3 mit dem Titel Reichssieger 1934 auf. Jedoch wird bei genauerer Betrachtung der Eintragungen von Nr. 89 bis 105 und einem Foto eines nicht namentlich genannten Yorkshire-Terrier-Rüden aber auch klar, wie dringend notwendig eine Blutauffrischung aus dem Mutterland der Rasse gewesen wäre. Der Ausbruch des Zweiten Weltkriegs zerschlug alle damals geäußerten Hoffnungen, die Zuchtbasis blieb eng. Das Zuchtbuch 1940 weist 27, das Zuchtbuch 1941 18 Eintragungen auf. Das Zuchtbuch 1942 und alle folgenden Bände bis 1948 konnten infolge Papiermangels nicht mehr gedruckt werden. Einer Aufstellung vom Jahr 1949 kann entnommen werden, daß 1942 die Nummern 152 bis 159, 1943 160 bis 174 und 1944 175 bis 186 vergeben wurden. Nachdem im März 1943 die vereinseigene Zeitschrift „Der Terrier" ihr Erscheinen einstellen mußte und im gleichen Monat zudem angeordnet wurde, daß Schauen – erstaunlicherweise gab es diese in kleinem Umfang immer noch – nur von im Umkreis von 50 km wohnenden Ausstellern beschickt werden durften, war die Verbindung der Züchter untereinander unterbunden. Welchen Schwierigkeiten die Züchter ausgesetzt waren, wieviele Entbehrungen sie sich sicherlich auferlegt haben in einer Zeit, in der es Futterscheine für Hunde nur ab einer bestimmten Widerristhöhe gab, kann man sich in der heutigen Zeit kaum noch vorstellen.

Jedoch bewies das erste nach Kriegsende herausgegebene Zucht-

Ein aufgeweckter, selbstbewußter Gesichtsausdruck entspricht dem Wesen des Terriers

buch, daß zumindest einige Liebhaber und Züchter Krieg und Nachkriegswirren überstanden hatten. Frau Beatrice Obkircher aus Ferch-Mittelbusch, die noch 1941 mit ihrem Bimbo v. Schwielowsee KFT 110 auf der mit insgesamt 1679 Hunden beschickten VI. Reichssiegerausstellung am 30./31. 8. in Stuttgart den Reichssiegertitel erringen konnte, ließ einen Rüden, geworfen 1946, sowie einen Wurf vom 16. 5. 1949 eintragen. Auch der schon aus der Vorkriegszeit bekannte Zwingername „v. d. Zackenhöhe" (Ferdinand Lindner, Oberschreiberhau, Polen) findet sich bei einer Wurfeintragung von Frau Gretl Kiene aus Hamburg; Vater wie Mutter des eingetragenen Rüden Amor v. d. Hakenterrasse KFT 187 sind „Zackenhöhe"-Yorkshire Terrier. Dieser Rüde wurde erstmals am 3. 9. 1949 auf einer Hamburger Ausstellung in der Junghund-Klasse gezeigt, er erhielt die Bewertung „Sehr gut 1". Somit war wiederum ein Anfang gemacht, mehr aber auch nicht. Beschränkungen auf allen Gebieten waren an der Tagesordnung, und wer hätte 1949 – kurz nach unserer Währungsreform – zum Beispiel für einen halbjährigen Yorkshire-Rüden aus einem heute noch gut bekannten Zwinger in Großbritannien 42 Pfund Sterling aufbringen können. Das britische Pfund stand noch nicht so „günstig" wie heute.

Doch auch als sich die Verhältnisse normalisierten, Reisen wieder möglich waren und die finanziellen Engpässe überwunden schienen, ging es mit den Yorkshire Terriern nicht aufwärts. Auf Ausstellungen waren sie zwar gern gesehen, doch selten anzutreffen. Selbst die große Welt-Hunde-Ausstellung 1956 in Dortmund wies lediglich vier Anmeldungen auf. Die Gewinner der Titel kamen aus Frankreich. Welch ein Kontrast zu dieser so bescheidenen Zahl die Meldungen für Yorkshire Terrier auf der wiederum in Dortmund stattfindenden Welt-Ausstellung 1973 mit 45, auf der Dortmunder Welt-Ausstellung 1981 mit 86 angemeldeten Yorkshire Terriern; die wiederum in Dortmund stattfindende Welt-Ausstellung 1991 konnte 123 Yorkshire Terrier in den Katalog aufnehmen.

Noch 1966 konnte man im „Kleinhundebuch" von Ina von Voss und Lazar von Lippa lesen: „... es würde für Deutschland eine ausgesprochene Bereicherung auf unseren Austellungen sein, diese schöne und aparte Rasse würde sich mehr bei uns einbürgern." Es war, als ob diese Bemerkung den Anstoß gab: Der Aufschwung begann. Einige sehr engagierte Hundeliebhaber, zum Teil schon mit großen Zuchterfolgen bei anderen Hunderassen, nahmen sich des Yorkshire an. Die Verbindungen nach Großbritannien wurden intensiviert, in Zucht und Ausstellung erfolgreiche Blutlinien studiert und erfolgversprechende Hunde importiert. Man lernte sozusagen von der Pike auf, wobei Rückschläge und Enttäuschungen nicht ausblieben. Das KFT-Zuchtbuch 1965 weist acht Wurfeintragungen und vier Einzeleintragungen (Importe) auf, unter den letzteren einen Rüden, der in der Folge auf Ausstellungen dominierte und durch seine nahezu perfekte Schönheit viel zur Rassenbeliebtheit beigetragen hat. Vermehrt sah man danach vorzügliche Yorkshire auf Ausstellungen in Top-Form präsentiert – auch dies mußte gelernt werden. Die Konkurrenz, insbesondere aus Belgien und den Niederlanden wurde stärker, und man begegnete dieser Herausforderung mit gesundem Ehrgeiz und erfolgreich. Die Eintragungen in das Zuchtbuch stiegen stark an, 1970 von Nummern 754 bis 1006, schon 1975 wurden die Nummern 4579 bis 5908 ausgegeben. Inzwischen weist das Zuchtbuch des KFT mit Abschluß des Jahres 1995 bereits die Nummern 31 650 bis 32 310 auf. Nun sind dies allerdings nicht Wurfeintragungen von einigen wenigen, sondern von einer großen Zahl von Erstzüchtern, darunter so mancher, der resignierend nach ein bis zwei Würfen wieder aufgab; man hatte sich die Zucht von rassetypischen Yorkshire Terriern zu einfach vorgestellt. Kleinhundezucht hat ihre eigenen Gesetze, ist sehr mühsam, und wenn dazu noch neben einem gesunden Körperbau, wie beim Yorkshire, eine bestimmte Haartextur sowie Farbe gefordert werden, hat selbst ein langjähriger erfahrener Züchter manchmal Schwierigkeiten.

Ungefähr Mitte der siebziger Jahre begann auch etwas, was für jede Rasse, die davon betroffen wird, unweigerlich einen Rückschlag bedeutet: Der Yorkshire Terrier kam in Mode. Zwischen der Beliebtheit einer Rasse und der Erklärung zum Idol, zum Statussymbol oder Modespielzeug ist ein himmelweiter Unterschied. Man kann und darf die Gesetze einer freien Marktwirtschaft – Nachfrage/Angebot – nicht auf eine Liebhaberei wie die Hundezucht anwenden. Eines ist jedoch sicher, der plötzliche Wunsch vieler, nun eine bestimmte Rasse zu besitzen, nur weil sie „in" ist, degradiert in der Folge das Lebewesen Hund zur Ware. Eine plötzlich einsetzende, übersteigerte Nachfrage ruft Leute herbei, denen Quantität vor Qualität geht, denen es nicht um die Zucht, das heißt Verbesserung einer Rasse, zu tun ist, sondern die lediglich vermehren wollen, sozusagen am Fließband „produzieren". Ein Phänomen dieser inzwischen abflauenden Kaufwut war, daß einem Händler, der die Ware Hund oft aus diesen ominösen „Zuchtstätten" gleich kistenweise bezog und sie ohne Obligo an den Mann brachte, oft jede treuherzig erzählte Mär über die altadelige Abkunft der Tiere geglaubt wurde. Einem seriösen Züchter jedoch wurde mißtraut, und dies oft nur, weil er eben nicht jegliches gefragte Alter „auf Lager" hatte, denn er hielt strenge Zuchtvorschriften ein, war auf das Wohl seiner sorgfältig aufgezogenen Junghunde bedacht und erwähnte nicht nur die Sonnenseiten einer Yorkshire-Terrier-Haltung.

Wie gesagt, der Trend, sich einen Yorkshire anzuschaffen, nur weil Madame X auch einen besitzt, ist rückläufig. Die heutigen Interessenten sind weitgehend Liebhaber dieser kleinen exquisiten Schönheit, und der Hausgenosse Yorkshire wird wieder bei dem einem anerkannten Rassehunde-Zuchtverein angehörenden Züchter erworben. Die Rasse selbst hat diesen Boom erstaunlich gut überstanden, ist heute sowohl in erwünschter Größe wie im geforderten Haarkleid wesentlich besser, die Durchschnittsqualität der auf Zuchtschauen Vorgeführten ist meist recht hoch. Man kann sich also freuen, daß der wohl attraktivste Kleinhund die Zeit seiner wüsten Vermarktung unbeschädigt überstanden hat. Seit dem 1. 1. 1939 wird das Zuchtbuch

Für den Fotografen schöngemacht

für Yorkshire Terrier beim Klub für Terrier e. V. geführt. Siebzehn Landesgruppen sowie eine große Anzahl von Ortsgruppen betreuen die Mitglieder und geben jedem an einem Yorkshire Interessierten gern Rat und Auskunft. Bundesweit überwachen zahlreiche KFT-Zuchtwarte die verschiedenen Zwinger und achten darauf, daß die Zuchtbestimmungen eingehalten werden. Jeder im KFT-Zuchtbuch eingetragene Welpe wird im Ohr tätowiert und darf erst abgegeben werden, nachdem er die erste Schutzimpfung gegen Staupe, Hepatitis, Leptospirose sowie Parvovirose erhalten hat. Die bereits im 89. Jahrgang erscheinende monatliche Klubzeitschrift „Der Terrier" mit jeweils interessanten Aufsätzen ist im Mitgliedsbeitrag enthalten.

Seit 1981 gibt es einen weiteren, zwischenzeitlich vom Verband für das Deutsche Hundewesen e. V. (VDH) anerkannten Rassehunde-Zuchtverein, der sich ausschließlich dem Yorkshire Terrier verschrieben hat. Dies ist der 1. Deutsche Yorkshire Terrier Club e. V. (1. DYC). Zunächst wurden Yorkshire Terrier von den diesem Club angehörenden Züchtern in das Sammelzuchtbuch des VDH eingetragen, nunmehr gibt der 1. DYC eigene Ahnentafeln heraus. Die Betreuung der Mitglieder und Interessenten wird beim 1. DYC von verschiedenen, in Landesgruppen aufgeteilten Ortsgruppen vorgenommen. Die Welpen werden tätowiert und sollen nur nach erhaltener erster Schutzimpfung abgegeben werden. Der Bezug des „Yorkshire Journal" mit den offiziellen Clubnachrichten ist im Beitrag enthalten.

Das jüngste Mitglied im VDH, welches sich um den Yorkshire bemüht, ist der Club für Yorkshire Terrier e. V. Auch diese Vereinigung von Züchtern und Liebhabern kümmert sich um das Wohlergehen dieser Rasse und vertreibt eine vereinseigene Zeitschrift.

Die genannten Rassehunde-Zuchtvereine veranstalten im gesamten Bundesgebiet VDH-geschützte Spezial-Zuchtschauen. Die Betreuung der Yorkshire auf Internationalen Zuchtschauen erfolgt durch diese drei Zuchtvereine im Wechsel nach vorheriger Absprache.

Standard und Rassebeschreibung

Der Standard für eine Rasse wurde zunächst von Züchtern und Liebhabern aufgestellt, nicht zuletzt um den auf Hundeausstellungen amtierenden Richtern einen Leitfaden in die Hand zu geben, nach dem bewertet werden konnte. Weit vorausschauend wurde (und wird) in einem Rassestandard das Ideal beschrieben, die Vollkommenheit par excellence, die beim Lebewesen Hund zwar nie erreicht werden wird, dem Züchter aber immer Ansporn ist, durch gezielte Zucht diesem Traum so nahe wie eben möglich zu kommen. Es war zudem üblich, dem Standard eine Punkteskala beizugeben, aus der ersichtlich war, wieviel Wert auf die einzelnen Standardpunkte zu legen sei. Der Standard für den Yorkshire Terrier wurde 1898 aufgestellt und blieb – mit Ausnahme der Gewichtsangaben – bis zum heutigen Tag fast unverändert. Es gibt keine Punkteskala mehr, jedoch ist es interessant, die Variationen aus früheren Jahren zu betrachten.

In der den einzelnen Standardpunkten zuerkannten Punktzahl läßt sich unschwer ablesen, mit welchen besonderen Schwierigkeiten die Züchter zu bestimmten Zeiten zu kämpfen hatten. Ende des vergangenen Jahrhunderts muß dies vor allem Haarbeschaffenheit, Länge und Farbe gewesen sein, während einer Punkteskala um 1920 herum zu entnehmen ist, daß zunehmend Gebäude und terrierhafte Erscheinung zumindest gleichwertig beurteilt wurden. Und bei letzterem ist es bis heute geblieben; ein vorzüglicher Yorkshire unserer Tage besteht nicht nur aus Haar, er muß darunter auch einen gut geformten Körper haben und außerdem Terriertyp und -charakter besitzen.

Die sinngemäße Übersetzung des für den Yorkshire Terrier gültigen Rassestandards lautet:

Allgemeine Erscheinung. Sie sollte die eines langhaarigen kleinen Terriers sein, dessen Behaarung – gescheitelt von der Nase bis zum Rutenende – sehr glatt und gleichmäßig zu beiden Seiten herabhängt. Der Yorkshire Terrier ist sehr kompakt und gefällig, die Haltung aufrecht und „Wichtigkeit" ausstrahlend. Die Körperkonturen sollten ein gut proportioniertes, kräftiges Gebäude erkennen lassen.

Kopf und Schädel. Kopf recht klein und flach, Oberkopf weder zu erhaben noch zu gewölbt, nicht zu langer Fang, mit absolut schwarzer Nase.

Standard und Rassebeschreibung

Multi Ch. Napoleon Town of Garden

Das Kopfhaar, lang herunterfallend, von satter goldener Tanfarbe, ist am Ohransatz und am Fang – hier soll es ebenfalls sehr lang sein – dunkler. In keinem Fall darf die Tanfarbe des Kopfhaares sich auf den Hals ausdehnen, genausowenig dürfen rußige oder dunkle Haare mit der Tanfarbe vermischt sein.

Augen. Mittelgroß, dunkel, glänzend, mit schlauem, reaktionsstarkem Ausdruck und so plaziert, daß sie geradeaus schauen; nicht hervorstehend. Die Lidränder müssen dunkel sein.

Ohren. Klein, V-förmig und aufrecht getragen; nicht weit auseinander angesetzt und mit kurzem Haar von sehr dunkler Tanfarbe bedeckt.

Gebiß. Ein perfektes, regelmäßiges komplettes Scherengebiß, d. h., 6 Schneidezähne oben überlappen knapp die 6 Schneidezähne unten; die Zähne dürfen nicht schief stehen, der obere und untere Kiefer muß gut ausgebildet sein.

Standard und Rassebeschreibung

Vorderläufe. Völlig gerade, gut bedeckt mit Haar von satt goldfarbenem Tan, die Haarspitzen einige Schattierungen heller als an der Haarwurzel, die Tanfarbe darf sich jedoch nicht über die Ellbogen hinaus ausdehnen.
Körper. Sehr kompakt mit guter Lendenpartie, gerade Rückenlinie.
Hinterhand. Von hinten gesehen völlig gerade gesetzte Läufe, gute Kniewinkelung, bedeckt mit gut goldfarbenem (tan) Haar; Haarspitzen etwas heller als an der Wurzel, die Tanfarbe nicht über das Kniegelenk hinausreichend.
Pfoten. So rund wie möglich, die Krallen schwarz.
Rute. Auf mittlere Länge kupiert und üppig behaart, die Farbe von dunklerem Blau – mehr am Rutenende – weniger am Körper. Rute wird etwas höher als die Rückenlinie getragen.
Bewegung. Schwungvoll und frei, wobei die Vorder- und Hinterläufe gerade voraus gesetzt werden sollen; die Rückenlinie sollte dabei eben bleiben, also ein Buckel oder ähnliches ist unerwünscht.
Haarkleid. Das Körperhaar ist mäßig lang und absolut gerade – nicht gewellt –, glänzend wie Seide und von feiner, seidiger Struktur.
Farbe. Ein dunkles Stahlblau – nicht Silberblau – beginnend am Hinterhauptbein (oder Rückseite des Oberkopfes) bis zum Rutenansatz. Es darf keinesfalls vermischt sein mit fahlem, bronzefarbenem oder dunklem Haar. Die Haare auf der Brust leuchtend helles Tan. Alles tanfarbene Haar sollte an den Wurzeln dunkler sein als in der Mitte und zu den Haarspitzen hin noch etwas heller werden.
Gewicht und Größe. Gewicht bis zu 3,2 kg.
Anmerkung. Rüden müssen zwei sichtbar im Hodensack liegende normale Hoden aufweisen.

Auf die Standardbeschreibung der Rute, präziser auf die Forderung „auf mittlere Länge kupiert" muß näher eingegangen werden.

In immer mehr Ländern, wahrscheinlich demnächst auch in Deutschland, gibt es inzwischen ein gesetzlich verankertes Ruten-Kupier-Verbot bei Hunden. Das Für und Wider dieser Vorschrift soll hier nicht diskutiert werden; man wird sich daran zu gewöhnen haben, daß Rassen, bei denen bislang die Rute kupiert wurde, künftig mit einer langen, unkupierten Rute zu sehen sein werden.

Die Festlegung im Standard, wie diese lange Rute vorzugsweise getragen werden sollte, bedarf sorgfältiger Überlegung und einer Beobachtung über einen längeren Zeitraum. Die auf einer Ausstellung amtierenden Zuchtrichter haben die Anweisung, daß es für eine Bewertung unerheblich ist, ob eine Rute gemäß Standard kupiert oder aber unkupiert ist.

Auch in dem 1986 vom Kennel Club (London) herausgegebenen Standard fehlt eine Festschreibung der Widerristhöhe.

Dem Gewicht entsprechend haben vorzügliche Yorkshire Terrier heute ungefähr eine Widerristhöhe um die 20 cm, sehr viel größere sind entweder zu schwer oder aber nicht gut proportioniert, sie wirken „windig" ohne die erforderliche Substanz. Kleinere sind, wenn sie die erforderte Kompaktheit aufweisen, meist zu plump oder aber einfach „niedlich" und sind außerdem, besonders wenn es sich um Hündinnen handelt, nicht für eine Zucht zu verwenden. Das Mindestgewicht von Yorkshire Terriern, welche zur Zucht verwendet werden dürfen, beträgt 2 kg. Der Yorkshire Terrier gehört zu den Kleinhunden, es ist keinesfalls eine verzwergte Großrasse. Falsch ist die Bezeichnung Schoßhund oder gar Luxushund. Ein Yorkie ist liebebedürftig und anschmiegsam, man soll ihn aber niemals so halten, daß aus diesem kleinen, von Natur aus robusten Terrier ein überaus empfindliches Geschöpf wird. Ein ständiges

Gracia, Dolly und Frederik aus dem Zwinger „Town of Garden"

Herumtragen, keine ausreichende Bewegung an frischer Luft, nie ein Spiel und Herumtollen auf einer Wiese verweichlicht den Yorkie und macht ihn anfällig. Natürlich ist ein so kleiner, nahe am Boden stehender Hund dem Schmutz auf Straßen und Wegen in wesentlich höherem Maße ausgesetzt als ein hochbeiniger Vierbeiner, so daß er zumindest an Bauch und Läufen gelegentlich gesäubert werden muß. Selbstverständlich kann kein Yorkie etagenhoch und höher Stufen laufen, hier muß er getragen werden; wie jeder Hund muß auch der Yorkie nach einem Spaziergang im Regen oder einem Herumhopsen im Schnee, zu Hause angekommen, sorgfältig getrocknet werden, dies alles sind keine Verweichlichungen. Der Yorkshire Terrier an sich ist der ideale Hund für jedermann, der sich für Kleinhunderassen begeistert. Er paßt sich überall an, und da er wenig Raum beansprucht, ist er ideal für kleine Stadtwohnungen. Als Langhaariger erfordert seine Fellpflege allerdings einige Mühe und Aufwand an Zeit, will man ihn sauber und adrett aussehen lassen. Hinsichtlich seines Temperaments und der Freude an Bewegung und Beschäftigung für und mit ihm darf sein Besitzer kein Stubenhocker sein; und seine Schärfe, sein Drang, sich als der Größte aufzuspielen, sowie der ab und an durchkommende Terrier-Dickkopf verlangen eine zwar liebevolle, aber doch energische Hand und Haltung. Für ältere, alleinlebende Menschen ist er ein guter Gesellschafter, der zudem oft dazu verhilft, aus einer Vereinsamung herauszufinden.

Ein Yorkshire Terrier soll es sein

Der Entschluß steht fest, dieser kleine, so überaus attraktive Kleinhund soll Ihr Hausgenosse werden. Nun wird man Hundebesitzer nicht so „quasi auf Probe", schon deshalb sollte eine Spontanerwerbung ausgeschlossen sein. Vorher gilt es noch einiges zu überlegen, und die nachfolgend aufgeworfenen Probleme müssen überdacht und ehrlich gegen sich selbst beantwortet werden.

Waren Sie schon einmal Hundehalter, wird Ihnen vieles nicht fremd sein. Neulinge seien eindringlich gewarnt, etwas auf die leichte Schulter zu nehmen. Der Hund als ältestes Haustier des Menschen ist völlig abhängig von der Fürsorge, die man ihm angedeihen läßt. Er ist kein Goldfisch, dem es ausreicht, einmal täglich sein Futter zu bekommen, gelegentlich eine Säuberung seines Aquariums und der ansonsten, ob Sie anwesend sind oder nicht, munter im Wasser herumschwimmt. Ein Vierbeiner muß tagsüber versorgt und ausgeführt werden, benötigt Pflege, Zuneigung sowie Ansprache, und nur wenn dies alles gewährleistet wird, ist eine Hundehaltung vertretbar. Sind Sie also ganztägig berufstätig, wäre es unverantwortlich, sich einen Vierbeiner anzuschaffen; es sei denn, es sind Familienangehörige im Haus, die, ohne zu murren, die Betreuung übernehmen.

Ebenso sollten Sie die Anschaffung eines Hundes nicht ausschließlich der Kinder wegen beabsichtigen. Kein Hund ist ein Spielzeug, man kann ihn nicht einfach forträumen in die Kiste oder ins Fach, wenn das Interesse nachläßt. Auf die von den Kindern gegebenen Versprechen, sich um den vierbeinigen Liebling zu kümmern, sollte man nie vertrauen. Die Situation kann sich rasch ändern, die erforderliche Zeit kann aus schulischen oder beruflichen Gründen fehlen.

Ein Hundeleben ist unter normalen Umständen zehn und mehr Jahre lang. Die auf Sie zukommenden finanziellen Belastungen listen Sie auf, addieren und kalkulieren sodann, ob diese Ausgaben – nicht nur momentan, sondern auf absehbare Zeit – tragbar sind. Eine Einschränkung liebgewordener Gewohnheiten zugunsten eines Vierbeiners ist durchaus vertretbar, eine Aufopferung bei aller Tierliebe unheilvoll.

Nachstehende Aufzählung erhebt nicht den Anspruch, vollständig zu sein; aber es sind die am meisten ins Geld gehenden Kosten.

Der **Anschaffungspreis** ist nicht niedrig und die **Erstausstattung** nicht billig, aber dies sind einmalige Ausgaben.

Die **Hundesteuer** muß auch für einen kleinen Yorkshire gezahlt werden. Diese Kommunalsteuer wird vierteljährlich fällig, über die Höhe gibt die Gemeinde- oder Stadtverwaltung Auskunft.

Eine **Hundehaftpflicht-Versicherung** abzuschließen ist notwendig. Sie sind als Hundehalter nach § 833 BGB für jeden Schaden, den Ihr Vierbeiner verursacht, haftbar. Ohne dramatisieren zu wollen, denken Sie zum Beispiel an den Rad- oder Autofahrer, der zu Schaden kommt, weil er dem Ihnen entwischten Kleinen ausweicht!

Tierarztkosten entstehen, selbst wenn der Yorkie sein Leben lang putzmunter ist, denn Schutzimpfungen müssen periodisch wiederholt werden. Und da vorbeugen immer billiger ist als heilen, wird eine halbjährliche Untersuchung auf den Gesundheitszustand Ihres Vierbeiners empfohlen. Bei einer Unpäßlichkeit Ihres Yorkie sollten Sie nicht selbst herumdoktern, sondern sofort einen Tierarzt fragen.

Pflegekosten fallen immer an, verschiedene Bürsten und Kämme sowie spezielle Fellpflegemittel sind erforderlich. Sehr wichtig ist, daß man empfohlene Produkte kauft und keine unbekannten Mittel erwirbt.

Dann wären da noch die **Futterkosten.** Ein Yorkie benötigt keine

Keck und munter: vier Monate alter Rüde

Ein Welpe unterm Blumenstrauß

Riesenportionen, dafür sollte jedoch das, was er in seiner Schüssel vorfindet, hochwertig sein. Küchen- beziehungsweise Tischreste sind meist völlig ungeeignet und sollten nicht gegeben werden.

Präzise Beträge sind in der Aufzählung bewußt nicht genannt worden, die Unkosten variieren zu stark, schon bei der Hundesteuer beginnend. Jeder ehrliche Züchter wird Ihnen jedoch die momentan anzusetzenden Beträge für zum Beispiel Pflege- und Futterkosten nennen können, und ein Tierarzt Ihres Vertrauens sagt sicherlich genau, wie hoch Impfkosten und sonstige Honorare zu veranschlagen sind. Keinesfalls darf man den ab und an veröffentlichten „Preislisten" für eine Hundehaltung vertrauen, genannt werden lediglich Durchschnittskosten, und diese Ansätze sind meist schon nach der Veröffentlichung überholt.

Abschließend noch der Hinweis, daß für eine Hundehaltung in einer Mietwohnung fast immer die Zustimmung Ihres Vermieters notwendig ist; lassen Sie sich diese schriftlich geben. Eigentumswohnungsbesitzer sollten ebenfalls einen Blick in das Vertragswerk tun, oftmals enthält es die Klausel, daß bei einer Hundehaltung das Einverständnis der übrigen Mitbewohner notwendig ist.

Möglicherweise ist es hilfreich, wenn Sie beim Einholen der Genehmigung ein Foto sowie die Größenangabe vorlegen. Niemals sollten Sie in dem Glauben, daß solch ein kleiner Hund doch nicht stört, ohne die möglicherweise erforderliche Genehmigung einen Vierbeiner kaufen.

Sie setzen sich damit leichtfertig einem Gerichtsverfahren aus; die Entscheidungen deutscher Gerichte in derartigen Fällen sind in der Vergangenheit nicht immer zugunsten der Hundehalter ausgefallen.

Mutter und Kind

Der Erwerb eines Yorkshire Terriers

Ein Grundsatz vorweg: Wer Zucht- und/oder Ausstellungsambitionen hat, darf sich niemals einen Welpen oder heranwachsenden Junghund kaufen. Dies gilt für alle Hunderassen gleichermaßen und im besonderen für eine Langhaarrasse wie den Yorkshire Terrier, bei dem es außerdem noch auf die Farbe und Qualität des langen Haares ankommt. Kein ernsthafter Züchter wird einen zehn bis zwölf Wochen alten Yorkie als zukünftigen Ausstellungssieger oder als in jedem Fall für eine Zucht geeignet abgeben. Zwar vermag ein langjähriger Züchter, der seine Linie gut kennt, aufgrund seiner Erfahrungen einen vielversprechenden Vierbeiner heraussuchen unter den drei bis vier Welpen in einem Wurf. Aber einen Garantieschein, daß das Haar die erwünschte Textur und Farbe bekommt oder der Hund eine bestimmte Größe erreicht, wird er nicht geben.

Beim jungen Yorkshire Terrier lassen sich einzig die einzelnen Gebäudepunkte, wie zum Beispiel kurzer oder langer Rücken, Stämmigkeit der Läufe wie auch Ohrenansatz und Form der Augen begutachten, viel mehr nicht. Gewiß ist ein Yorkshire Terrier ab einem Alter von etwa acht Monaten, der die für Zucht und/oder Ausstellung erforderlichen Merkmale aufweist, schon teurer, aber man ist dann auch sicher, das zu bekommen, was erfolgversprechend ist.

Ein weiterer Grundsatz gleich anschließend: Kaufen Sie niemals einen Yorkshire Terrier aus Mitleid, womöglich aus dem Schaufenster oder bei dubiosen Händlern, im Glauben, das arme, erbärmlich aussehende kleine Wesen „erlösen" zu müssen. Die Lücke, die Sie meinen geschaffen zu haben, wird sofort aufgefüllt durch einen anderen „produzierten" Welpen. Und wiederum spekuliert der Verkäufer auf mitleidige Seelen. Diese Kette kann nur unterbrochen werden durch mangelnden „Absatz" und durch Anzeige beim zuständigen Tierschutzverein. Dieser wird eine Überprüfung veranlassen, um festzustellen, ob die Bestimmungen des Tierschutzgesetzes eingehalten werden.

Kontakt knüpfen kann man sehr gut auf Zuchtschauen, hier lernen Sie möglicherweise sogar Vater und/oder Mutter beziehungsweise Geschwister aus früheren Würfen von dem in Aussicht genommenen Welpen kennen. Termine von Zucht-

Der Erwerb eines Yorkshire Terriers

Auf Wachtposten

schauen in Ihrer Nähe erfahren Sie bei den im Anhang angegebenen Verbänden. Oder aber Sie lassen sich sofort von einem der die Yorkshire Terrier betreuenden Rassezuchtvereine Anschriften derjenigen Züchter geben, welche zur Zeit Welpen beziehungsweise Junghunde abzugeben haben.

Sobald Sie das Adressenmaterial in Händen halten, setzen Sie sich mit dem oder den Züchtern in Verbindung und verabreden einen Termin zum Besuch. Bereiten Sie einen Merkzettel vor, auf dem Sie alle Fragen, die Sie selbst haben, notieren. Auch der um das Wohl seiner sorgfältig aufgezogenen Vierbeiner besorgte Züchter wird möglicherweise Fragen an Sie haben, Sie sollten ihm ehrlich antworten.

Sehr wichtig für den, der sich einen Yorkshire Terrier als Gesellschafter erwerben möchte – wird er später nicht zuletzt dank guter Aufzucht und Haltung sowie Pflege so schön, daß er ausgestellt werden kann, um so besser –, ist vor allen anderen Dingen Gesundheit. Putzmunter sollen die Kleinen sein, interessiert an allem, was um sie herum geschieht. Klare Äuglein müssen sie haben mit einem pfiffigen, überlegenden Ausdruck, was man denn nun anstellen könnte. Kein aufgetriebenes Bäuchlein dürfen sie haben, dies deutet auf Wurmbefall. Bei aller Kleinheit muß der Körper fest und kompakt sein, die Läufe gerade, die Haut sauber und Nase und Krallen vorzugsweise schwarz. Weder aus der Schnauze und schon gar nicht aus den Ohren sollte der Kleine unangenehm riechen. Alle Yorkshire Terrier werden mit schwarzem Körperhaar geboren, wobei die Tanfarbe im Gesicht und an den Läufen zunächst nur angedeutet ist. Welpen, die schon im Alter von etwa acht Wochen ein etwas heller schimmerndes Körperhaar aufweisen, werden meist später keinen dunkel-stahlblauen Körperbehang, sondern einen eher silberblauen bekommen, Welpen mit sich wollig anfühlender stumpfschwarzer Behaarung weisen ausgewachsen und durchgefärbt – so nennt es der Fachmann – kaum je die erwünschte seidige Haartextur auf. Doch auch hier gilt: Ausnahmen bestätigen die Regel!

Schauen Sie sich beim Züchter um, ob alles einen ordentlichen und sauberen und nicht etwa für den Besuch gerade gereinigten Eindruck macht. Lassen Sie sich in jedem Falle die Mutterhündin zeigen, vielleicht stammt auch der Vater aus der gleichen Zucht. Fragen Sie nach der Ausstellungsbewertung, und lesen Sie den oder die Richterberichte. Mutter wie Vater der Welpen müssen nach den Zuchtbestimmungen mindestens einmal auf einer Zuchtschau bewertet worden sein, respektive eine Zucht-Zulassung haben.

Sie wollen als Gesellschafter einen gesunden, bis zur Abgabe an Sie sorgfältig aufgezogenen Yorkie, der später auch wie ein solcher ausschaut, selbst wenn er kein Champion ist. Erwerben Sie ihren Hausgenossen also nur bei einem Züchter, zu dem Sie Vertrauen haben.

Alle Ihnen von den Yorkshire Terrier betreuenden Vereinen genannten Züchter sind an strenge Zuchtbestimmungen gebunden, besonders dafür ausgebildete Zuchtwarte besichtigen die jeweils gefallenen Würfe und überprüfen dabei auch die Zuchtstätte, alle Welpen werden vor der Abgabe tätowiert und müssen die erste Schutzimpfung erhalten haben.

Haben Sie irgendwelche Bedenken hinsichtlich des Züchters, sprechen Sie mit dem zuständigen Klub über Ihre Beobachtungen. Jeder dieser Vereine ist daran interessiert, unbemerkt in ihre Reihen gelangte sogenannte schwarze Schafe schnellstens wieder zu eliminieren. Stellen Sie aber andererseits keine unerfüllbaren Ansprüche: Auf Perserteppichen und Velourssofakissen kann man keinen Wurf großziehen. Rüschen und dergleichen Firlefanz sind weder für die Wurfkiste, den Welpenraum noch für den Auslauf praktisch.

Für welches Geschlecht Sie sich entscheiden, ist bei einem Kleinhund an sich nebensächlich; sowohl der Rüde – das ist der männliche – wie die Hündin – das ist der weibliche Hund – haben ihre guten wie weniger angenehmen Seiten. Meist ist der Rüde selbstbewußter, einer liebevollen Hand und Haltung sehr zugetan, aber nicht unbedingt ein Schmuser. Er kann sich zu einem Schürzenjäger entwickeln und außer Rand und Band geraten, sofern er eine Hündin wittert, die gerade läufig ist. Oft benötigt er eine energische Hand in der Aufzucht und Haltung, damit er sich seiner Grenzen bewußt wird. Im allgemeinen ist die Hündin anschmiegsamer, allerdings wird sie etwa zweimal im Jahr läufig – so nennt man die Zeit, in welcher sie intimeren Gunstbezeugungen von Rüden zugetan ist und diese, unbeaufsichtigt, sogar sucht. Um unerwünschten Nachwuchs zu vermeiden, muß sie also während dieser ungefähr drei Wochen andauernden Läufigkeit besonders sorgfältig gehütet werden. Während der Hitze –

Sechs Wochen alter Welpe

auch so nennt man die Läufigkeit – sondert die Hündin aus der Scheide blutigen Schleim ab, vor allem stark in den ersten zehn bis zwölf Tagen. Praktisch erweisen sich dann die im Handel erhältlichen, kleinen Windelhöschen, um eine Verschmutzung von Teppichen und Kissen zu vermeiden. Vielfach hält sich die Hündin aber selbst sauber, so daß es dieses Schutzes nicht bedarf.

Um unerwünschte Freier, herumstromernde Hunde vor der Haustür, zu vermeiden, trägt man in der Zeit der Läufigkeit die Hündin ein Stück fort, bevor man sie niedersetzt, damit sie näßt, das heißt Pfütze macht. Sie leert selten ihre Blase auf einmal in den besonders kritischen Tagen, sondern neigt dazu, hier und da Markierungen zu setzen. Außerhalb dieser Zeit jedoch ist ihre Blase meist schon nach einmal Pfützemachen leer. Der Rüde hingegen findet Tag für Tag jeden Baum und Strauch, jeden Laternenpfahl und – was man allerdings vermeiden sollte – jede Hausecke interessant zum Beinchen heben, um mit ein paar Tröpfchen anzuzeigen, daß er vorübergekommen ist. Wählen Sie sich also das Geschlecht, für das sie die größere Zuneigung haben.

Sollten Sie, aus welchen Gründen auch immer, die diffizile Aufzucht eines Yorkshire Terriers scheuen, kann der Züchter sicherlich behilflich sein bei der Suche nach einem etwas älteren Yorkie. Oft hat er selber für die Weiterführung seiner Zucht aus einem Wurf zwei oder mehr Junghunde zunächst behalten und gibt nun denjenigen, der seinen Vorstellungen nicht voll entspricht, ab. Sofern dieser Vierbeiner lediglich einen kleinen Schönheitsfehler hat, aber ansonsten gesund und munter ist, dürfen Sie zugreifen. Manchmal wird für eine Hündin, die bei ihrem ersten Wurf Geburtsschwierigkeiten gehabt hat und aus diesem Grunde nicht noch einmal Welpen bekommen soll, ein gutes Plätzchen gesucht. Auch hier gilt: Ist die Hündin ansonsten gesund und munter, wird Sie ihnen sicherlich ein guter Haushund werden. Oft sind Vierbeiner, wenn sie erst etwas älter in Einzelhaltung kommen, besonders anschmiegsam und liebebedürftig, dankbar, daß sich jetzt alles nur um sie dreht. Der Nachteil etwas älterer Hunde soll aber nicht verschwiegen werden, sie sind ausgereifte Persönlichkeiten und können Eigenarten mitbringen, die Sie selber nicht so sehr schätzen. Sie sollten sich über diese angenommenen Gewohnheiten eingehend informieren und mit viel Geduld und Liebe die Umerziehung angehen.

Vielfach wird geraten, statt einem Yorkshire Terrier gleich einen zweiten dazuzunehmen, quasi als Gesellschafter für den einen. Ob Sie dies wollen und finanziell können, müs-

Der Erwerb eines Yorkshire Terriers

Die Hundemutter präsentiert ihren Nachwuchs

sen Sie entscheiden. Es ist nicht nur der Kaufpreis, der sich verdoppelt, auch die Hundesteuer ist für die Haltung eines zweiten Hundes sehr viel höher. Der Pflegeaufwand, nur die Zeit gerechnet, erhöht sich beträchtlich; zwei Rüden beziehungsweise zwei Hündinnen vertragen sich nicht immer gut, die Haltung von Rüde und Hündin bringt unweigerlich Probleme während der Läufigkeit der Hündin. Es sei denn, es besteht die Möglichkeit, den Rüden in dieser Zeit aus dem Hause zu geben. Lediglich eine Trennung der beiden in den eigenen vier Wänden beschert Ihnen einen Rüden, der liebestoll in einem Raum vor sich hinjammert und jault, und möglicherweise singt die Hündin in einem anderen Raum die Antwort.

Bevor Sie nun Ihren kleinen Yorkie mit nach Hause nehmen, gilt es dort noch einige Vorbereitungen zu treffen, doch darüber im nächsten Kapitel.

Lassen Sie sich aber vom Züchter Ihres Kleinen einen Merkzettel, auf dem alles notiert ist, was Sie für die weitere Aufzucht zu beachten haben, mitgeben. Sie haben dann die Möglichkeit, diese „Gebrauchsanweisung" in Ruhe zu studieren und können beim Abholen Ihres Vierbeiners nachfragen, sollte Ihnen etwas unklar sein.

Vorbereitungen zu Hause und Einzug

Bevor Sie das vierbeinige Familienmitglied zu sich nehmen, sind noch etliche Vorkehrungen zu treffen. Es ist die Erstausstattung zu beschaffen, und die eigenen vier Wände sind sozusagen „kleinhundesicher" zu machen. Zur Erstausstattung gehört eine Tiertragetasche, wie sie in verschiedenen Formen im Handel erhältlich ist. Ein derartiges Transportmittel wird in vielerlei Hinsicht sehr nützlich werden. In solch einer stabilen Tasche mit transparenten Seiten – damit der Hund auch etwas sieht und nicht im Dunkeln hockend Angst bekommt – und „Luftlöchern", aber so verschließbar, daß er nicht heraushüpfen kann, wird Ihr kleiner Yorkie den Weg vom Züchter zu Ihnen nach Hause bestens überstehen. Man kann diese Tasche später verwenden, wenn man zusammen mit dem Vierbeiner öffentliche Verkehrsmittel benutzt; wenn man ihn zum Beispiel im Mietshaus die Treppen hinauf- oder hinuntertragen muß und ansonsten bei allen Gelegenheiten einsetzt, wo die Gefahr besteht, daß der mitgenommene Yorkie sonst unter die Füße kommen würde. Denn welcher Straßenpassant schaut im Gedränge schon nach unten, jeder hastet doch vorwärts. Natürlich sollen Sie Ihren Yorkie nicht etwa in einer Tasche spazieren „tragen" und an die frische Luft bringen, er kann sehr gut auf seinen eigenen Füßen laufen und tut dies gern, aber es gibt Situationen, wo ein Winzling wie der Yorkshire wirklich besser in einer Tasche aufgehoben ist.

Gedanken müssen Sie sich machen über die Schlafstätte für den Familienzuwachs. Wählen Sie keines der in mancherlei Form angebotenen Körbchen, auch ein Yorkie bevorzugt wie alle Hunde eine höhlenartige Liegestatt. Bei der Größe eines ausgewachsenen Yorkshire Terriers findet sich sicherlich auch in einer kleinen Wohnung dafür ein Stellplatz. Es empfiehlt sich, für den Junghund selber zunächst aus einem stabilen Pappkarton etwas zu fabrizieren, dies hat den Vorteil, daß man rasch auswechseln kann, sobald die Behausung angeschmutzt ist. Später dann bieten sich verschiedene Möglichkeiten an; es gibt diese Schlafhöhlen aus Korbgeflecht oder aber sehr stabil aus Holz oder Kunststoff gefertigt, meist mit einer Tür, die man auch verschließen kann. Damit hat man für Urlaubsreisen das eigene Häuschen für den Yorkie dabei. Hotelbesitzer sehen es nicht ungern, wenn

Vorbereitungen zu Hause und Einzug

Der junge Yorkshire Terrier erkundet seine neue Umgebung

für den vierbeinigen Gast das Lager im Gepäck mitgeführt wird. Und es hat absolut nichts mit der verpönten und oft angeprangerten „Kistenhaltung" zu tun, wenn Sie Ihren Yorkie daran gewöhnen, hinter der verschlossenen Tür zu schlafen, sofern er ansonsten freien Auslauf hat und lediglich quasi zur eigenen Sicherheit mal eingesperrt wird. Als Einlage für die Schlafhöhle kann man einen weichen Teppichrest, eine zusammengefaltete Decke mit auswechselbarem Bezug oder ähnliches verwenden. Immer jedoch sollte über dieser festen Unterlage ein loses, kleines Tuch liegen, denn jeder Vierbeiner scharrt sich sein Lager gern zurecht.

Geradezu ideal wäre es, wenn Sie sich zur Anschaffung eines Laufstalls entschließen könnten. Ähnlich wie bei einem Kind im Krabbelalter, das man auch in einen Laufstall setzt, sofern man momentan nicht die Zeit hat, es zu beaufsichtigen, ist dies auch bei einem kleinen Yorkie angebracht. Hier ist er sicher aufgehoben, wenn sich niemand direkt um ihn kümmern und ihn überwachen kann, damit er keine Dummheiten anstellt. Sie selber ersparen sich so manches „auf den Knien rutschen", um ihn unter Schränken, Tischen oder Betten hervorzuholen. Ist dieser Laufstall groß genug, daß seine Schlafhöhle darin Platz findet, ist er auch des Nachts oder während Ihrer zeitweiligen Abwesenheit gut versorgt. Der Fachhandel hält zusammenklappbare, aus Leichtmetall gefertigte Laufställe in verschiedenen Größen vorrätig, beachten Sie aber, daß die

Seitengitter engmaschig sind. Sofern Sie einen Balkon, eine Terrasse oder sogar einen Garten zur Verfügung haben, wird ein Laufstall Ihnen immer gute Dienste leisten. Ist die Diele groß genug, kann der Laufstall hier in einer nicht zugigen Ecke stehen, ansonsten findet sich sicherlich in einem Zimmer dafür Platz. Solange der Kleine noch nicht absolut stubenrein ist, legt man unter den Laufstall eine wasserundurchlässige Decke, dies empfiehlt sich besonders, wenn die Wohnung mit Teppichboden ausgelegt ist. Darauf kommt dann eine dicke Schicht Zeitungen und darüber einige ausgediente Handtücher oder ähnliches. Man kann auch je zur Hälfte nur etwas über die Zeitungen legen. Meistens sind die Junghunde vom Züchter her an Zeitungspapier gewöhnt und lösen sich darauf, die Hinterlassenschaften sind rasch fortgeräumt, und wenn man alles täglich wechselt, bleibt kein unangenehmer Geruch. Daß dies natürlich nur provisorisch der Platz sein kann, an dem der kleine Yorkie sich löst, versteht sich von selbst. Über weitere Erziehungsmöglichkeiten zur Stubenreinheit wird an anderer Stelle verwiesen.

Beim Kauf der Futter- und Trinkschüssel für den kleinen Vierbeiner sollten Sie sich für Aluminium oder Edelstahl entschließen, Kunststoff wird oft von den empfindlichen Hundenasen abgelehnt. Sehr praktisch sind auch die Gerätschaften, die erstens in der Höhe verstellbar sind und in die man zweitens die Schüsseln einhängen kann. Futter- und Trinkschüssel in bequemer Schnauzenhöhe zwingen den heranwachsenden Yorkie, mit korrekter Bein- und Fußstellung zu futtern und zu trinken. Das sind zwar täglich immer nur ein paar Minuten, die sich aber summieren in der Zeit des Wachstums, und sie tragen ganz sicher zur Festigung der Muskeln bei. Ein zweites Plus ergibt sich fast von selbst: Schon der junge Hund lernt, daß alles für ihn bestimmte in einer gewissen Höhe zu finden ist, und so sind ihm meist später Dinge, die auf dem Boden liegen, wenig vertrauensvoll.

Auch Leine und Halsband gehören zur Erstausstattung. Zwar wird der Kleine noch nicht gelernt haben, an der am Halsband befestigten Leine zu laufen, aber zur Sicherheit sollten Sie beides zum Abholen mitnehmen, sofern Sie sich nicht zum Kauf einer Tragetasche entschließen konnten. Halsband sowie Leine sollte der Yorkie bei der Fahrt ins neue Zuhause auf jeden Fall umgelegt bekommen, auch wenn man ihn auf dem Arm transportieren will. Allzu rasch ist so ein wieselflinker Junghund vom Arm gehopst oder versucht, aus der sich öffnenden Autotür zu entwischen, mit Halsband und Leine hat man eine zusätzliche Si-

Vorbereitungen zu Hause und Einzug

Draußen stillzusitzen fällt nicht gerade leicht

cherheit. Manche Züchter haben eine kleine Auswahl an passenden und für einen Yorkshire geeigneten Halsbändern und Leinen vorrätig. Erkundigen Sie sich danach. Sofern Sie in einem Geschäft diese Dinge erwerben wollen, nehmen Sie kein sogenanntes Brustgeschirr, für Yorkshire Terrier ist so etwas ungeeignet.

Beim Einkaufen sollten Sie sich auch umschauen nach einem Hundekauknochen aus Büffelhaut und einem Ball als Spielzeug. Jedes Kaufhaus und fast jeder größere SB-Laden hat inzwischen eine Ecke für Hundefutter und -bedarf, hier findet man Büffelhautknochen in vielen Größen. Für einen Yorkie empfehlenswert sind die dünneren, stangenförmigen; der Kleine kann darauf herumbeißen, und doch sind sie durch ihre Länge so groß, daß er sie nicht verschlucken kann. Der Ball muß natürlich in der Größe auch dem kleinen Yorkie angepaßt, aber sollte nicht zu dünnwandig sein. Nehmen Sie kein Quietsch-Spielzeug und auch nichts mit einer Glocke darin – so was gibt es! –, der Yorkie wäre versucht, der Sache auf den Grund zu gehen, und zerlegt womöglich alles in kleinste Stücke. Man kann natürlich auch selbst aus einem alten Lederrest (Handschuhe beispielsweise) etwas herstellen, es muß nur groß genug sein, damit es nicht versehentlich verschluckt werden kann.

Von den notwendigen Pflegeutensilien gehören zumindest Bürste und Kamm zur Erstausstattung, denn es ist wichtig, daß der Yorkie vom ersten Tag an daran gewöhnt wird, daß nunmehr Sie – bislang war es sein Züchter – ihn mindestens einmal täglich kämmen und bürsten. Bei der Beschaffung der anderen für einen Yorkshire Terrier notwendigen Dinge lassen Sie sich vom Züchter beraten. Dieser kennt die Anschriften der Firmen, die die von ihm für seine Hunde bevorzugten Dinge vertreiben. Das, was der Züchter für seine eigenen Vierbeiner als vorteilhaft betrachtet, sollte auch für einen von ihm gezüchteten Yorkshire gut sein.

Der Kauf einer für den Yorkshire Terrier empfohlenen Bürste, weich und aus Naturborsten, gelingt selten auf Anhieb. Vielleicht haben Sie selbst – oder jemand im Bekanntenkreis – noch eine der Bürsten, die früher zu den für den Toilettentisch einer Dame gedachten Frisiergarnituren gehörten. So etwas ist genau richtig. Fürs erste kann man sich aber auch behelfen mit einer für das Baby gedachten Haarbürste, die Borsten sollten keinesfalls aus Kunststoff und dazu noch hart sein. Als Kamm erwirbt man einen aus Metall, nicht zu engzahnig. Achten Sie auf die Qualität, also keine gesägten, scharfkantigen Kammzinken!

Sind die notwendigen Sachen beschafft, gilt es noch überall, und zwar in jedem Raum, auch wenn Sie meinen, der Yorkie hätte darin nichts zu suchen, die möglichen Gefahren für einen Kleinhund abzustellen. Alle Junghunde sind neugierig, stecken ihre Nase in alles und beknabbern vieles. Der Yorkshire ist besonders gefährdet, denn aufgrund seiner Größe kommt er in den engsten Winkel. Offene Steckdosen müssen demnach verschlossen werden. Entsprechende Deckel gibt es im Elektrohandel. Verlängerungskabel, dazu gehört auch die Telefonschnur, sollten nicht auf dem Boden herumliegen. Sie werden sicherlich eine Möglichkeit ersinnen, wie man Derartiges hochbinden kann. Haben Sie eine oder sogar mehrere Schwingtüren im Haus, müssen diese so abgesichert werden, daß sie nicht mehr sofort zuschlagen; stellen Sie sich vor, so ein kleiner Hund gerät dazwischen! Balkon- oder Terrassenbrüstungen sind oft nur mit weit auseinanderstehenden Gitterstäben abgegrenzt; um zu verhindern, daß der kleine Hund da hindurchfällt, kann man von innen engmaschigen Draht dagegenspannen. Im eigenen Haus sind ungeschützte Treppenabgänge abzusichern, es gibt dafür kleine halbhohe Türchen; zur Sicherung für Kleinkinder werden diese öfters angeboten. Der Garten birgt weitere Gefahren. Ist die Umzäunung nicht dicht, das heißt das Gitter engmaschig bis zum Boden, haben Sie einen Teich oder ein Schwimmbassin, auch wenn letzteres vielleicht nur für die Kinder und nicht sehr tief ist, ist es erforderlich, daß hier für einen Extra-Auslauf des Yorkshire gesorgt wird. Aus den bereits erwähnten, zusammenklappbaren Elementen aus Leichtmetall läßt sich dies leicht bewerkstelligen, und es hat den Vorteil, daß man diesen Auslauf von Zeit zu Zeit versetzen kann. Außerdem sollten sie Büsche und/oder Bäume genauer daraufhin ansehen, ob deren Früchte etwa giftig sind; es gibt Merkblätter darüber.

Nachdem alles vorbereitet ist, noch einen Blick in den Kalender. Fällt der Abholtermin etwa auf ein Wochenende? Dann wäre als allerletztes noch Futter zu beschaffen für die Tage, an denen die Geschäfte geschlossen sind. Bei der Auswahl der Futtermittel hält man sich an die vom Züchter gegebenen Hinweise. Als günstigste Tageszeit für den Einzug des Familienzuwachses wird sich der Vormittag erweisen. Damit hat der Junghund viele Tagesstunden vor sich, um alles Neue kennenzulernen, und wird wahrscheinlich voll der neuen Eindrücke die erste Nacht fern von Mutter und Geschwistern ruhig verschlafen. Mit dem Züchter haben Sie die ungefähre Uhrzeit zum Abholen abgesprochen, der kleine Yorkie wird die Fahrt ins neue Zuhause mit leerem Magen antreten und so einmal die Reise besser überstehen und zum anderen zumindest Appetit haben, wenn man ihm seine erste Mahlzeit im neuen Heim anbietet. Doch zuvor sollte man, vor der eigenen Haustür angekommen, den Versuch unternehmen, ob der junge Hund sich lösen oder nässen will. Als Gartenbesitzer hat man es am einfachsten. Der Vierbeiner wird in seinen vorbereiteten Auslauf gesetzt, und schwupp, nach einem Herumschnüffeln gibt's eine kleine Pfütze. Sofort wird gelobt, und der erste Schritt zur Stubenreinheit ist schon getan. Für Stadtbewohner wird diese Prozedur etwas schwieriger, aber vielleicht gibt es doch in der Nähe der eigenen Behausung einen kleinen freien Platz, auf den man den Yorkie – natürlich an Leine und Halsband – setzen kann. Wenn hier etwas „passiert", folgt selbstverständlich sofort ein Lob. Im Haus oder in der Wohnung setzt man den jungen Vierbeiner zunächst in seinen Zimmerauslauf beziehungsweise in der Diele auf den Fußboden. Man spricht ruhig mit ihm und bietet auch etwas zu trinken und eine kleine Mahlzeit in der vom Züchter empfohlenen Zusammensetzung an.

Übrigens: „Empfangskomitees", Besuche von Freunden, Bekannten oder Nachbarn in den ersten Tagen des Einlebens sollten unterbleiben. Dies verwirrt den jungen Hund nur und erschwert die Umstellung.

Nach Wasser- und Futteraufnahme, vielleicht noch etwas herumschnüffeln und möglicherweise sogar spielen wird der kleine Yorkie zunächst mal müde sein. Er bekommt seinen Schlafplatz zugewiesen, und damit ist die erste Hürde genommen. Hunde generell und insbesondere junge Hunde schlafen viel, auch über Tag, und diese Ruhepausen sind für einen heranwachsenden Vierbeiner sehr wichtig, dies muß man auch den Kindern erklären.

Man sollte besonders in den ersten Tagen genau darauf achten, wann der kleine Yorkie aufwacht,

Unermüdlich auf Entdeckungstour

und sich bereithalten, ihn dann sofort aufzunehmen und dorthin zu setzen oder zu bringen, wo er sich entleeren soll. Wie erwähnt, Gartenbesitzer haben es in dieser Hinsicht sehr einfach, Wohnungsbesitzer können sich behelfen mit einer Zeitung im Badezimmer oder auf dem Balkon.

Mit dem gegenseitigen Kennenlernen, mit den ersten Mahlzeiten, wobei sicherlich nicht die vom Züchter angegebene Menge aufgenommen wird, denn es fehlt der Anreiz zum Futtern durch die Geschwister, im Spiel und dem Ausruhen zwischendurch ist der erste Tag vorüber, und wenn man Glück hat, verschläft der kleine Yorkie die erste Nacht problemlos.

Sollte er in der Nacht einmal jammern, so wäre es am gescheitesten, Sie stopfen sich die Ohren zu und versuchen weiterzuschlafen. In einem Miethaus ist dies jedoch problematisch, denn die Stimme eines kleinen Yorkshire Terriers kann unter Umständen das ganze Haus aufwecken. Also schauen Sie nach ihm, beruhigen Sie ihn, lassen sich aber auf keinen Fall erweichen, ihn zu sich ins Bett zu nehmen. Dahinein gehört kein Hund, auch nicht ein Yorkie. Er muß lernen, allein zu schlafen, und je früher er dies kapiert, um so besser ist es für alle. Manchmal wird empfohlen, eine Wärmflasche mit nicht zu heißem Wasser gefüllt, unter seine Decke zulegen, auch ein eingewickelter Wecker soll durch die Tickgeräusche beruhigen, vielleicht versuchen Sie dies einmal? Diese List hat schon oft geholfen, warum sollte es bei Ihnen nicht der Fall sein? Aber auch ohne diese Hilfsmittel, nach zwei, spätestens drei Nächten hat der Junghund gemerkt, daß alles Jammern nichts hilft, und er wird alleine ruhig die Nacht durchschlafen. Zur Not bitten Sie die Mitbewohner um Verständnis für die vorübergehende nächtliche Störung und richten im übrigen seinen Schlafplatz dort ein, wo keiner darüber oder genau nebenan schläft.

Zwei bis drei Tage sollten zum gegenseitigen Kennenlernen reichen, um den kleinen Yorkie an sich zu gewöhnen. Danach muß der Ernst des Lebens beginnen, denn auch ein Kleinhund wie der Yorkie muß gewisse Verhaltensregeln lernen. Ansonsten werden sie später einen Vierbeiner haben, der sich zum Tyrannen entwickelt hat. Dann sind nicht mehr Sie, sondern ist dieses kleine, langhaarige Etwas der Meutenführer. Das mag für Außenstehende zwar lustig mitanzusehen sein, aber auf Dauer werden Sie Ihres Lebens nicht mehr froh. Der Yorkshire Terrier ist zwar ein kleiner, aber wenn unzureichend erzogen, ein ziemlich dickköpfiger und dabei sehr einfallsreicher Vierbeiner, er muß einfach seine Grenzen kennenlernen.

Erziehung und Haltung

Also, wie schon mehrmals angedeutet, Erziehung muß sein! Und das mindeste, was ein Yorkie lernen sollte, ist: Stubenreinheit, an Halsband und Leine laufen, nicht dauernd zu bellen, sondern auf Anruf damit aufzuhören – auf „Befehl" auf seinem Schlafplatz und über Tag auch mal für wenige Stunden allein zu bleiben, ohne dabei zu jammern oder gar zu heulen.

Die Reihenfolge kann natürlich abgeändert werden, doch darf von Beginn an alles, was diesen Grundregeln nicht entspricht, nicht erlaubt sein.

Zur Erziehung gewöhne man den Hund an die Stimme des Ausbildenden: Hoch und hell gesprochen, empfindet sie ein Yorkie beispielsweise wie Musik in den Ohren – und das bedeutet Lob. Tiefe, dunkle Tonart ist der Tadel oder zumindest der Hinweis, daß solches Tun unerwünscht ist. Das heißt, man kann einen jungen Hund selbstverständlich nur tadeln, wenn er etwas tut, von dem er bereits gelernt hat, daß es nicht erlaubt ist, anderenfalls bedeutet man ihm mit einem „Pfui!" oder „Nein!" in der entsprechenden Stimmlage, daß er dieses oder jenes nicht tun darf. Und dazu muß man auch wissen, daß ein Vierbeiner nicht rückbezogen denkt. „Nein!" oder „Pfui!", was immer man bevorzugt, oder der Tadel darf also nur erfolgen, wenn man den Yorkie beim unerwünschten Tun direkt erwischt. Ein Beispiel: Man ruft den Hund heran, er schnüffelt aber noch herum und kommt nicht sofort. Wenn er sich dann endlich bequemt, doch heranzukommen, muß man – da mag der Zorn noch so groß sein – tief Luft holen und für das Herbeikommen ein Lob aussprechen ... tadeln, schimpfen wäre grundverkehrt. Denn dies würde nur die unerwünschte Verknüpfung ergeben: Zum Frauchen oder Herrchen kommen bedeutet Schelte! Denn das, was der Hund zuletzt getan hat, war das erwünschte Kommen. Daß die Schelte erfolgte, weil er so langsam herankam, vermag kein Hund zu denken. Und wer da glaubt, sein Hund wisse sehr genau, wofür er gescholten wird, denn er mache dann ein so schuldbewußtes Gesicht, der irrt. Der Hund entnimmt nur dem Stimmfall, dem Ton, daß er irgend etwas getan hat, was Frauchen oder Herrchen mißfallen hat, und er wird es auf das beziehen, was er zuletzt getan hat.

Mit alten Socken kann man prima spielen

Bei der Erziehung zur Stubenreinheit macht man es sich zunutze, daß jeder junge Hund sofort nach dem Schlaf und meist direkt nach dem Futtern Blase und Darm leert. Dies sind die Momente, bei denen der Vierbeiner hochgenommen und dort niedergesetzt wird, wo diese Geschäfte zu verrichten sind. Garten- beziehungsweise Wohnungsbesitzer mit Balkon haben es verhältnismäßig einfach, sie sind sofort draußen, wobei man auf dem Balkon zur leichteren Reinigung eine Zeitung ausbreiten sollte. Für Wohnungsinhaber in der oberen Etage bedeutet es eine Belastung, die man aber durchstehen muß, ansonsten bekommt man einen „straßenreinen" Hund! Für die vielen Male zwischendurch, bei denen der kleine Yorkie das Bedürfnis hat, seine Blase zu entleeren, sollte zunächst in der Wohnung oder im Haus eine Möglichkeit geschaffen werden. Eine kleine Kiste – Ränder nicht zu hoch, weil der Junghund selbständig hineinspringen können muß –, mit Zeitungspapier ausgelegt, bietet sich hier an. Im empfohlenen Laufstall eine Ecke mit Zeitungspapier, dies alles ist sehr gut sauberzuhalten. Bemerkt man, daß der oder die Kleine im Spiel oder sonstwie mit der Nase am Boden schnüffelnd herumläuft, setzt man ihn/sie an den dafür vorgesehenen Platz und lobt, wenn „es" verrichtet ist. Derart angelernt, wird der Yorkie bald zeigen, daß „es" wieder soweit ist, und wenn man ihn nach dem Schlaf und nach dem Füttern grundsätzlich nach draußen bringt, bekommt man mit dem erwachsenen Hund später kaum Schwierigkeiten, seine Geschäftchen erledigt er dann im Freien.

Für dieses „auf die Straße" bringen, wozu Wohnungsbesitzer gezwungen sind, ist es unbedingt notwendig, daß der Yorkie sobald wie möglich lernt, an Halsband und Leine zu laufen. Er bekommt also von Anbeginn das kleine, leichte, aber gut sitzende Halsband umgelegt. Sicher wird ihn dies zunächst stören, und er wird versuchen, es zu entfernen. Lenkt man ihn spielerisch davon ab, wird er bald daran gewöhnt sein. Möglicherweise bleibt er störrisch sitzen, sofern er mit Halsband und daran befestigter Leine – ohne nach vorn zu ziehen – laufen soll. Aber dem kann man im Spiel zuvorkommen: Einem kleinen Bissen in der Hand folgt er meist sofort, und abgelenkt merkt er gar nicht, daß er an der Leine läuft. Niemals, aber auch wirklich niemals, darf er an der Leine gezogen werden. Halsband und Leine müssen den Hund ausschließlich erfreuen, sollen für ihn bedeuten, daß er hinaus und an die frische Luft kommt, daß er jetzt „ausgehen" kann. Hat sich der Yorkie an das Halsband gewöhnt, sollte es im Haus trotzdem stets abgenommen sein, weil es eine Scheuerstelle oder abgeschabtes Haar rund um den Hals verursachen kann.

Auf Befehl zum Schlafplatz zu gehen und dort zu bleiben, beziehungsweise auf Anruf heranzukommen sind dann die weiteren Übungen. Ersteres ist relativ einfach beizubringen, indem man dem natürlichen Ruhebedürfnis eines jungen Hundes entgegenkommt. Jedes Mal, wenn sich der Yorkie müde zeigt, wird er mit „Geh ins Bett!" oder ähnlich – noch besser wäre ganz kurz „Bett!" auf seinen Schlafplatz gebracht. Bald hat sich die Verknüpfung gebildet: „Bett" ist der Platz, wo er schläft. Auch das Herankommen auf Anruf dürfte nicht schwierig zu lehren sein. Mit Namen und „Hier!" wird jedesmal gerufen, wenn der Junghund sowieso auf dem Weg zum Frauchen oder Herrchen ist. Dort angekommen, gibt es eine kleine Belohnung, und da auch beim Hund die Liebe durch den Magen geht, kommt der Yorkie bald danach sofort, wenn man ihn ruft. Die kleine freßbare Belohnung wird später durch ein gesprochenes Lob ersetzt. All dies übt und probt man selbstverständlich entweder in der Wohnung oder aber im sicheren Garten. Grundsätzlich sollte man keinen Hund auf der Straße freilaufen lassen und im Gelände nur dann, wenn man seiner sicher ist.

Erziehung und Haltung

Auch hier muß also das auf Anruf Herankommen geübt werden, denn die Ablenkungen sind doch groß. Am sichersten probiert man es mit einer dünnen, langen, am Halsband befestigten Schnur, so hat man den kleinen Yorkie unter Kontrolle, sofern es mit dem sofortigen Kommen nicht klappen sollte. Man wappne sich mit Geduld und etlichen leckeren Bissen in der Tasche, und bald folgt der Yorkie auch in freier Natur dem Ruf.

Ein Yorkshire Terrier ist alles andere als eine Schlafmütze, er wird demzufolge auch bald alles verbellen, was ihm nicht geheuer ist. Doch gilt es, diese natürliche Wachsamkeit in angemessene Bahnen zu lenken. Bei Klingelgeräuschen an der Tür anschlagen ist erlaubt und besonders für ältere Menschen, die in der Stadt wohnen, auch nützlich. Nur darf dieses „Anschlagen" nicht in dauerndes Kläffen ausarten, sonst gibt es Ärger mit den Mitbewohnern und Nachbarn. Der Yorkie muß lernen, auf „Ruhe!" seine kleine Schnute zu halten; ihm das beizubringen ist oft nicht einfach. Versuchen Sie geduldig, bei ihm die Verknüpfung zu erreichen, daß er seines Amtes als Wachhund Genüge getan hat, indem er anschlägt. Sobald Sie aber beispielsweise zur Tür gehen und ihm „Ruhe!" bedeuten, heißt das, daß er nicht mehr „zuständig" ist. Dieses „Ruhe!" ist ein Befehl, es muß demnach kurz und scharf ausgesprochen werden und wird notfalls noch unterstützt, indem man mit einer zusammengefalteten Zeitung sich selber in die offene Hand klatscht. Sobald der Vierbeiner ruhig ist, wird gelobt. Dabei aber keine Leckerli geben, sonst kann es passieren, daß er meint, bellen zu müssen, wenn er eine freßbare Belohnung haben möchte.

Auch Alleinbleiben muß der Yorkie lernen. Diese Übung beginnt schon damit, daß er von vornherein lernt, alleine zu schlafen und daß nicht bei dem kleinsten Gejammere jemand kommt, ihn zu sich zuholen. Tagsüber nutzt man die Ruhepausen, wenn er nach dem Futtern, und sobald er sich gelöst hat, mit vollem Bäuchlein schlafend in seinem Bett liegt. Es ist dann nicht notwendig, daß man dabeisitzt und quasi Pfötchen hält, man begibt sich in einen anderen Raum und läßt ihn allein. Dieses Alleinelassen kann man später ausdehnen, indem man, wenn er schläfrig ist, für kurze Zeit die Wohnung verläßt. Zur sicheren Kontrolle, ob der Junghund nicht doch ein Wehgeschrei anfängt, schließt man nur zum Schein die Wohnungstür und wartet davor. Sollte er anfangen, Krach zu machen, sind Sie rasch bei ihm, um zu schelten und „Ruhe!" zu sagen. Hat der Yorkshire seinen Laufstall mit etwas Spielzeug darin und vorher Gelegenheit zum

Spielen und Toben gehabt, kann an sich nichts passieren, und mit ein, zwei Donnerwettern beim Radaumachen, nur weil er sich verlassen fühlt, hat er bald begriffen, worauf's ankommt. Und bei Ihrer Heimkehr wird er sich freuen, zumal, wenn er dann gelobt wird und ein mitgebrachtes Häppchen bekommt. Auch sollten Sie dann etwas Zeit haben, ein kleines Spielchen oder sogar einen Spaziergang mit ihm machen.

Das soeben Gesagte ist das mindeste, was ein Haushund lernen muß, um ein erfreuliches Zusammenleben zu garantieren. Darüber hinaus gibt es noch so manches, was auch ein Yorkshire Terrier willig lernt oder lernen könnte, denn er ist von Natur aus begierig, all das zu tun, was ihm ein lobendes Wort einbringt. Angefangen vom Apportieren eines seiner Größe angemessenen Gegenstandes bis hin zum Verlorensuchen. Alle Disziplinen, die oft bei Gehorsamsübungen von größeren oder großen Hunden vorgeführt werden, kann auch der Yorkshire Terrier lernen.

Sie sollten sich einer örtlichen Gruppe eines Yorkshire Terrier betreuenden Klubs anschließen. Hier finden Sie gleichgesinnte Yorkshire-Terrier-Besitzer, und Sie können an deren Aktivitäten zusammen mit Ihrem Yorkie teilnehmen.

Sofern sich an Ihrem Wohnort keine Terrier-Gruppe finden läßt, schließen Sie sich einem allgemeinen Hundesportverein an. Viele dieser Zusammenschlüsse von Hundefreunden sind Mitglied im Deutschen Hundesportverband e. V. (DHV) und veranstalten auf ihren Übungsplätzen den sogenannten Breitensport mit dem Hund. Da gibt es so mancherlei zu lernen, was auch dem Yorkie Spaß macht und was er ohne weiteres ausüben kann. Richtig angelernt, wird er voller Eifer bei der Sache sein und hat damit eine Beschäftigung, die ihn voll ausfüllt.

Glauben Sie nicht, daß dies übertrieben sei und man Derartiges vom Yorkie nicht „verlangen" dürfe. Diese Art von Beschäftigung mit und für diesen Kleinhund ist nämlich nur auf dem europäischen Kontinent neu; seit Jahrzehnten beweisen Yorkshire Terrier beispielsweise in den Vereinigten Staaten, daß sie mehr sind als Schoßhunde. So errangen zwischen 1948 und 1967 allein 95 Yorkies den Titel Companion Dog, und etliche kletterten in den Auszeichnungen noch höher.

Wichtig ist, daß der Yorkie mit Hunden zusammenkommt, nicht als verzärteltes kleines Etwas gehalten wird, von dem man meint, alles fernhalten zu müssen. Unter Hunden sein ist notwendig für das dem Yorkie eigene Temperament und seine, nun, nennen wir es Überschätzung der eigenen Größe. Wenn der Yorkie mancherorts als Giftzwerg verschrieen

Erziehung und Haltung

Neun Wochen alter Welpe

ist, so liegt dies ausschließlich an den jeweiligen Besitzern, die es nicht verstanden haben, den Yorkie seinem Temperament und seiner Eigenart entsprechend zu erziehen. Da wird das „Ich-bin-der-Größte"-Gefühl des Yorkies noch unterstützt, wenn er zum Beispiel bei Annäherung eines größeren Hundes sofort auf den Arm genommen wird, und von dieser sicheren Warte aus darf er dann auch noch den anderen Vierbeiner verbellen. Oder eine andere Situation: Wenn der kleine Yorkie frei oder an der Leine laufend ohne Veranlassung jeden größeren Hund sofort wütend angeht, finden manche dies niedlich, statt ihrem Kleinen sehr energisch zu bedeuten, daß man andere Hunde friedlich vorbeilaufen lassen muß.

Yorkshire Terrier-Besitzer und solche, die es werden wollen, sollten sich immer daran erinnern, daß dieser – zwar kleine – Terrier vor gar nicht so langer Zeit unter anderem zur Rattenbekämpfung eingesetzt wurde. Als Erbgut tragen auch die heutigen Yorkies diese Veranlagung in sich; es gilt sie in die richtigen Bahnen zu lenken, und das bedeutet: Auch ein Yorkshire Terrier muß gehorchen lernen.

Neben der empfohlenen Beschäftigung mit und für den Yorkie muß er selbstverständlich seine tägliche Bewegung haben, das heißt, als Wohnungshund muß er mindestens dreimal täglich auf die Straße, um dort seine Runde zu laufen und seine Geschäftchen erledigen zu können. Aber auch wenn man Gartenbesitzer ist, darf dies nicht die ausschließliche Auslaufmöglichkeit sein. Selbst der weiträumigste Garten wird dem Vierbeiner mit der Zeit langweilig, er kennt jede Ecke und wird sich dort wenig Bewegung verschaffen, er sollte also mindestens ein- bis zweimal täglich an der Straße spazierengeführt werden.

Alle Yorkies sind lauffreudig, und vielen macht selbst eine längere Wanderung nichts aus. Wichtig ist nur, daß die Bewegung täglich erfolgt, so daß es selbst dann keinen Muskelkater gibt, wenn übers Wochenende längere Spaziergänge unternommen werden. Will man seinen Yorkie in der Wohnung spielen lassen, die Diele ist beispielsweise für Ballspiele gut geeignet, so achte man darauf, daß der Fußboden mit einem schalldämmenden Belag versehen ist; die Bewohner der unter Ihnen liegenden Räume werden dankbar sein.

Äußerst wichtig ist die Rücksichtnahme auf Mitmenschen, nicht jeder ist ein Hundefreund bzw. mancher wird durch unvernünftiges Verhalten von Hundeeignern erst zu einem Anti-Hund-Mensch. So sind z. B. Kinderspielplätze und Liegewiesen kein Hunde-Auslaufgelände; Hinweise „Hunde sind an der Leine zu führen" müssen beachtet werden. Dies gilt auch für den Spaziergang durch einen Wald; selbst ein Kleinhund kann für erhebliche Unruhe unter den Wildtieren sorgen.

Daß Bewegung, Spiel und Beschäftigung dem Alter des Vierbeiners anzupassen ist, sollte selbstverständlich sein. Beim jungen, noch in der Entwicklung stehenden bis etwa zwölf Monate alten Hund, muß schon mal gebremst und für die notwendigen Ruhepausen gesorgt werden. Mit zunehmendem Alter, so ab dem sechsten bis achten Lebensjahr, muß man den träge werdenden Hund aufmuntern und nach dem Motto „wer rastet, der rostet" in Schwung halten. Die Spaziergänge können dann kürzer sein und auch die Spielzeiten, denn die Ausdauer wird nachlassen, aber zusammengezählt sollte doch die gleiche Zeit herauskommen wie für den im Vollbesitz seiner Kräfte stehenden Vierbeiner. Man wird ihn zwar kürzer, aber dafür mehrmals in Bewegung halten.

Schlechtes Wetter darf niemals der Grund sein, einen Spaziergang ausfallen zu lassen. Yorkies sind überhaupt nicht wasserscheu und lieben auch trockenen Schnee zum Herumtoben. Natürlich sind sie als boden-

Erziehung und Haltung

nahe Hunde wesentlich mehr dem Schmutz auf unseren Straßen ausgesetzt, und daher ist ein Deckchen gegen die Nässe keine Verweichlichung. Gesundheitsschädigend ist allerdings langes Warten in Nässe oder Frost, zum Beispiel vor Geschäften, in die Hunde nicht mit hineingenommen werden dürfen. Dies gilt es daher zu vermeiden. Und selbstverständlich muß der Vierbeiner zu Hause gründlich bis auf die Haut abgetrocknet werden, sofern es durch den Regen ging. Unterlassen soll man Spaziergänge bei brütender Hitze, der kleine Yorkie spürt den aufgeheizten Erdboden – gepflasterte Straßen sind besonders gefährlich – beinah hautnah, und ein Hitzestau kann die Folge sein. Daher verlegt man im Hochsommer Spaziergänge und Spielereien in die Morgenstunden, wenn Erdboden beziehungsweise Straßenpflaster noch von der Nacht her ausgekühlt sind. Zum Abend hin sind Boden und Steine von der Tageshitze noch sehr lange zu warm für die kleinen Pfötchen eines Yorkshire.

In Abwandlung eines geflügelten Wortes kann man sagen: „Neugier, dein Name ist Hund", und der York-

Zwei, die sich gut verstehen

shire Terrier macht da keine Ausnahme. Als Familienhund, als Gesellschafter möchte er selbstverständlich an allem teilnehmen und bekundet ein lebhaftes Interesse an jeglichem Geschehen. Nur, was kann er als kleiner Vierbeiner vom Boden aus sehen? Doch bestenfalls Füße und Beine! Daher sein Drang, auf den Arm genommen zu werden, daher sein Versuch, alles Geschehen um ihn herum von höherer Warte aus zu betrachten. In der Wohnung sitzt er infolgedessen auch sehr gern auf Sesseln oder dem Sofa. Man sollte ihm einen bestimmten Sessel oder eine Sofaecke zuweisen, er wird schnell begreifen, daß er dort nur hinauf darf, wenn eine Decke ausgebreitet ist. Ein Toben sozusagen über Tisch und Stühle soll nicht erlaubt werden. Abgesehen davon, daß dabei Unfälle passieren können, tut es den Möbelbezügen nicht gut. Und noch eines: Zum richtigen Schlafen – und nachts sowieso – gehört der Yorkie in seine Schlafhöhle! Von hygienischer Seite ist ein „ins Bett kommen" abzulehnen, außerdem verzärtelt jeder Hund, der nachts unter einer Bettdecke schläft, und unbequem ist es für den Menschen obendrein.

Ein Yorkshire Terrier steht hinsichtlich Temperament und Lernfähigkeit einem größeren oder sogar großem Terrier in nichts nach. Ein ausgewachsener, erwachsener Yorkie ist ein vollentwickelter Vierbeiner, nur daß bei ihm – mit Ausnahme seines Wesens – alles um Nummern kleiner ist als bei größeren Hunden. Man sollte ihn also nicht wie ein zurückgebliebenes Etwas halten, anfällig gegen alles, sondern als vollwertigen Hund im Kleinformat behandeln. Dann wird man ihm gerecht und an ihm und mit ihm viel Freude und Spaß haben.

Pflege mit allem Drum und Dran

Die Pflege eines Yorkies war und ist ein Dauerthema, wobei die Behandlung des Haares seit jeher oft auch heftige Diskussionen ausgelöst hat. Insbesonders über Länge und Farbe war man sich vielfach nicht einig. Das ist verständlich, wenn man weiß, daß die Punkteskala einmal allein für diese beiden äußeren Merkmale bis zu 50 Punkte vorsah. Anders ausgedrückt, ein vorzüglicher Yorkshire bestand früher zur Hälfte aus Haar in bestimmten Nuancen.

Heute ist es glücklicherweise etwas anders, ein vorzüglicher Yorkie muß unter dem standardgerechten Haarkleid von gewünschten Farben auch einen gesunden Körper haben und laufen können. Und genau dies ist die Erklärung, warum Ausstellungs-Yorkshire-Terrier Haarwickel tragen. Frühzeitig daran gewöhnt und richtig gewickelt, so daß nichts zieht, stört es den kleinen Hund keinesfalls. Im Gegenteil, die langen Körperhaare verheddern sich beim Herumtoben nicht im Buschwerk, das lange Haar an der Schnauzenpartie wird nicht bei jedem Wassertrinken total naß und ist auch nicht beim Futtern und Kauen lästig, die langen Kopfhaare würden über die Augen fallen und hier möglicherweise Reizungen oder sogar Entzündungen verursachen.

Inwieweit Sie Ihren Haushund Yorkie wickeln wollen oder möchten, das bleibt Ihnen überlassen. In jedem Fall sollten Sie sich dazu entschließen, das lange Kopfhaar an der Oberseite des Kopfes als „Top-Knot" zusammenzufassen und bei Rüden für das mit Beinchenheben verbundene Ausgehen die längeren seitlichen Körperhaare in je einem Wickel zusammenzunehmen. So wird gleichzeitig vermieden, daß sich Uringeruch im Haar festsetzt.

Die Utensilien zum Wickeln, und wie man sie verwendet, beschreiben wir später. Hier sollte nur erwähnt werden, warum gewickelt wird. Zur täglichen Pflege des Yorkie benötigt man einen kleinen stabilen Tisch, gerade so hoch, daß man den Vierbeiner darauf bequem bearbeiten kann. Auf die Tischplatte legt man eine rutschsichere Unterlage. Der kleine Yorkie ist vom ersten Tag an daran zu gewöhnen, auf dem Tisch stehend oder liegend gekämmt und gebürstet zu werden, meist kennt er dies schon vom Züchter her. Wappnen Sie sich aber mit Geduld, denn möglicherweise wird er sich zunächst sträuben. Mit etwas Zeitaufwand und

Pflege mit allem Drum und Dran

Multi Ch. Highclass Hot Sash

gutem Zuspruch wird er sich doch daran gewöhnen, besonders dann, wenn er merkt, wie gut dies alles tut.

Im Gegensatz zu manch anderen Rassen arbeitet man beim Yorkie stets zuerst mit dem Kamm, und zwar beginnt man an den Haarspitzen, die oft sehr zerzaust sind. Gleitet der nicht zu enge Kamm leicht durch alles Haar, kommt die Bürste hinterher, dies ist gleichzeitig Körpermassage und wird begrüßt. Besonders behutsam kämmt und bürstet man selbstverständlich am Kopf und schützt notfalls die Äuglein, indem man die Finger darüber legt. – Übrigens, bürsten können Sie Ihren Yorkie beispielsweise auch abends, wenn er ruhig und entspannt auf dem Sofa oder Sessel liegt. Wundern Sie sich nur nicht, bei diesem Streicheln mit der Bürste schnurren viele Yorkshire Terrier wie eine Katze!

Das Körperhaar soll seitlich glatt herunterfallen, man beginnt also schon beim Junghund mit geradem Scheitelziehen vom Hinterkopf bis Rutenansatz und bürstet das zunächst noch kurze Haar seitlich herunter. Die Kopfhaare werden mittels Gummiband zu einem Schopf zusammengebunden. Dies muß sehr behutsam geschehen, keinesfalls dürfen die Haare über den Augen zu straff gefaßt werden.

Diese tägliche Pflege auf dem Tisch ist die beste Gelegenheit, auch alle anderen Körperteile zu säubern. Die Äuglein werden genau untersucht, das Sekret, welches sich besonders nach dem Schlaf im Augenwinkel festsetzt, wird mit einem feuchten, fusselfreien Tuch entfernt. Auch auf eventuelle Fremdkörper, zum Beispiel Grassamen im Auge, ist zu achten. Ihr Tierarzt wird zu Augensalbe oder Tropfen raten, die man anwendet, wenn der kleine Yorkie, durch Zugluft verursacht, tränende Augen hat.

Die Ohren müssen saubergehalten werden, doch sollte man vermeiden – auch nicht mit den Ohrwattestäbchen –, in die sehr empfindlichen, verschlungenen Ohrgänge hinein zu reinigen. Dies ist dem Tierarzt zu überlassen, der die dafür notwendigen Instrumente besitzt. Zu beachten ist besonders beim Junghund, daß die längeren Ohrfransen kurz gehalten werden, und wenigstens das Haar der oberen Hälfte des Ohres soll innen und außen ständig kurz gezupft bleiben.

Dem Gebiß gilt die ständige Aufmerksamkeit – leider werden hier seitens der Besitzer immer wieder Fehler gemacht, so daß es später erhebliche Mühe kostet, die Zähne zu kontrollieren. Man muß den jungen Hund sehr behutsam anlernen, die Lefzen dürfen nur sehr vorsichtig hochgehoben werden. Je öfter dies mit viel Geduld und gutem Zureden geübt wird, desto leichter hat man es im Verlauf des Hundelebens. Besonders beim Yorkie ist es notwendig, im Zahnwechsel das Gebiß zu kontrollieren. Die Milchzähne fallen nicht immer durch das Nachwachsen der bleibenden Zähne von selbst aus, insbesondere die Milchfangzähne können stehenbleiben und müssen dann vom Tierarzt entfernt werden. Gebißkontrolle ist auch beim erwachsenen Yorkie vonnöten, um den oft sich bildenden Zahnsteinbelag von Anfang an zu bekämpfen. Vorsorglich kann man das Gebiß einmal wöchentlich reinigen, geeignet ist beispielsweise ein Abreiben mit einem feuchten Wattebällchen, auf das man etwas Schlämmkreide gegeben hat.

Die um die Pfoten herum befindlichen Haare sollten kurz gehalten werden, und was sehr wichtig ist, schon beim Junghund wird auf das Krallenwachstum geachtet. Läuft der

Empfehlenswerter Wickel für einen Rüden beim Spaziergang

Yorkie sehr viel auf weichem Erdboden, nutzen sich die Zehennägel nicht von selbst ab, und hier muß nachgeholfen werden. Es zahlt sich aus, wenn regelmäßig die Nägel an der Spitze mit einer entsprechenden Krallenzange zurückgenommen werden, denn zu lang gewachsene Nägel sind sehr schwierig wieder in Form zu bringen. Der Kehrseite schenke man besondere Aufmerksamkeit, beim Kotabsatz kann etwas hängengeblieben sein!

Ob und wie oft ein Yorkshire Terrier gebadet werden soll oder muß, hängt von vielen Faktoren ab. Ein Stadthund verschmutzt schneller als ein Landhund. Staub und anderes setzt sich meist nur auf der das einzelne Haar umgebenden Schutzschicht ab und wird beim täglichen Bürsten entfernt. Daß die Bürste des öfteren gereinigt werden muß, versteht sich von selbst. Bei viel in der Stadt laufenden Yorkies ist eine Reinigung zumindest der Körperunterseite nötig. Versuchen Sie es mit einem feuchten Schwamm oder nassen Ledertuch, dies ist immer noch besser als häufiges Baden. Grundsätzlich sollte man unter einem Jahr alte Junghunde höchstens einmal monatlich baden und ausgewachsene Yorkies nicht öfter als alle zwei Wochen. Man nehme dafür spezielles, sehr mildes Shampoo und beachte, daß kein Seifenwasser in Augen und Ohren dringt, sodann ist gründlich nachzuspülen. Gebadet werden sollte immer am Abend nach dem letzten Spaziergang, und der Yorkshire muß danach völlig trocken

Pflege mit allem Drum und Dran

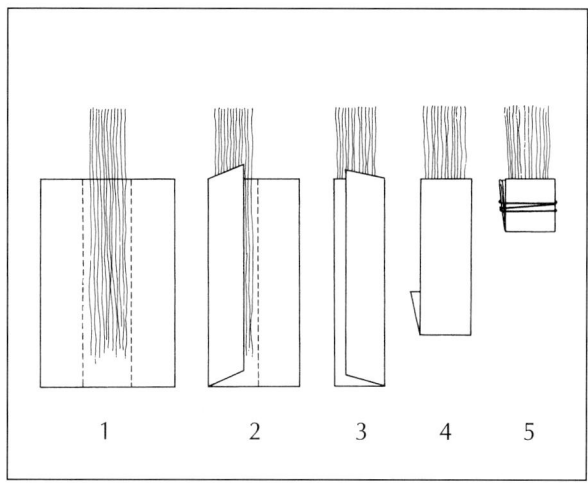

Anleitung zum Wickeln

geföhnt werden, bevor er sich schlafen legt. Zerzauste Haare sollen vor dem Baden durchgekämmt und gebürstet werden, denn nach dem Waschen bekommt man sie nur unter großer Mühe wieder in Ordnung. Shampoo, Nachspülmittel und Haarcreme beziehungsweise Öl, um dem Haar danach sofort wieder Schutz zu geben, erhalten Sie im Fachhandel; lassen Sie sich vom Züchter beraten. Verwenden Sie diese Pflegemittel nicht in Sprayform, weil der feine Nebel die kleinen Augen reizt.

Schon in den frühesten Veröffentlichungen über die Pflege des Yorkshire Terriers wird immer wieder darauf verwiesen, wie notwendig eine gesunde Haut bei ihm ist. Häufig wird dabei sogar empfohlen, dem Yorkie kleine Schuhe aus Wildleder anzuziehen, um eine Verletzung der Haut durch Kratzen zu vermeiden. Letzeres ist heutzutage nicht notwendig, wir wissen, daß eine gesunde Haut – und das Wachsen gesunder Haare – nicht mit von außen aufgeschmierten Mitteln zu erreichen ist. Juckreiz – ohne daß Ungeziefer oder Schmutz, vielfach besonders im Herbst auch Grassamen oder ähnliches eine Rolle spielen – kann nur von innen her beseitigt werden, und die richtige Ernährung spielt eine große Rolle dabei. Letztlich ist auch der Hund, was er ißt, und eine ausgewogene Nahrung ist notwendig. Meint man, diese Forderung erfüllt zu haben und stellt man trotzdem Juckreiz bei seinem Yorkie fest, ist der Tierarzt zu verständigen. Übrigens findet man Allergien neuerdings

Pflege mit allem Drum und Dran

Vollständig gewickelter Yorkshire Terrier

auch vermehrt bei Hunden. Fehlende Bewegung an frischer Luft, dabei allerdings ohne starke Sonnenbestrahlung, kann die Ursache für Hautirritationen sein. Haartextur und Farbe sind Veranlagung, daran wird selbst intensivste Pflege nichts verbessern können. Das Längenwachstum eines Haares hängt wiederum auch von der Textur ab, das unerwünschte, harte Deckhaar beim Yorkie bricht leichter ab, da hilft kein noch so kräftiges Ölen und Einwickeln. Das ebenfalls nicht dem Standard entsprechende, sich wollig anfühlende Haar, meist bleibt es zudem schwarz, ist dagegen sehr oft in reicher Fülle vorhanden und erfordert sehr viel Pflege, da es rascher verklettet als das ideale Haar von seidiger Struktur. Das lange Haar von vorzüglicher Textur zeigt bei einem nicht gewickelten Yorkshire genau an, wie hoch das Gras ist, in welchem er herumtobt.

Für einen Haushund ist eine dichte, bis zum Boden reichende seitliche Körperbehaarung nicht erforderlich, sofern nur der ganze Hund einen gepflegten Eindruck macht. Zuvor wurde erwähnt, daß es sich beim Rüden in jedem Falle empfiehlt, zumindest die hinteren seitlichen Körperhaare bei einem Spaziergang zum Beinchenheben einzuwickeln. Man beginnt damit, wenn die Körperhaare an dieser Stelle lang genug gewachsen sind. Meist ist der Rüde dann etwa sechs Monate alt, und dies ist auch das Alter, in dem der Junghund beginnt, das Beinchen zum Blasenleeren zu heben. Bis

Pflege mit allem Drum und Dran

Prachtvoll hergerichtet

dahin setzt er sich dazu hin, wie eine Hündin es tut. Als Wickelpapier verwendet man im Fachhandel erhältliches säurefreies Seidenpapier. Sofern man es nicht in passend geschnittenen Teilen bekommt, schneidet man sich selbst einen Vorrat, jedes Stück etwa 18 × 26 cm groß. Es wird der Länge nach, in drei gleichmäßig große Teile gefaltet. In den mittleren legt man die sorgfaltig gekämmte Haarsträhne, die mit Haarcreme oder -öl leicht eingefettet ist. Sodann wird erst das eine, dann das andere Teil darübergefaltet und das Ende umgeschlagen, je nach Länge des Haares bis zu dreimal, und um dieses Paket kommt ein kleiner Gummiring. Diese Prozedur ist leichter beschrieben als nachgemacht. Um sicherzugehen, daß man es richtig und für den Hund nicht störend ausführt, schaut man am besten mal dem Züchter oder einem Aussteller über die Schulter. Auch beim Binden des Haarschopfes, dem sogenannten Top-Knot, kann man vom Abgucken lernen. Manche Züchter verwenden auch hier kleine Gummiringe, andere wieder nehmen Nähmaschinengummi, das man rollenweise kaufen kann. Die Haarspange oder auch das Schleifchen, das viele Yorkies schmückt, wird immer über das die Haare zusammenhaltende Gummiband gesetzt. Diese Spangen oder Schleifen sind nicht billig, jemand mit Talent zur Handarbeit kann sie sich jedoch selbst fertigen.

Mehr als einmal täglich müssen Bart und Schnauzenpartie gesäubert werden, nämlich nach jeder Futteraufnahme. Vorsichtig mit einem feuchten Schwamm wird alles gereinigt und ebenso vorsichtig danach getrocknet. Ist das Barthaar beim ausgewachsenen Yorkie sehr lang, wird man nicht umhin können, nach jedem Wassernehmen die Barthaare sorgfältig zu trocknen und danach vorsichtig durchzukämmen.

Sie haben erfahren, wie zeitaufwendig die richtige Pflege eines Yorkshire Terriers ist. Selbst wenn er nur als Haushund gehalten wird, sollte er doch wie ein echter Yorkie anzusehen sein und nicht wie irgendein kleiner Hund. Darum hier erneut die Warnung, wer diese Zeit nicht aufbringen kann oder will, sollte sich für einen andersrassigen, kürzer oder kurz behaarten Kleinhund entscheiden. Der Yorkshire Terrier wurde vor über 100 Jahren als sehr langhaariger und dadurch besonders attraktiver Kleinhund geschaffen, und nur mit der entsprechenden Pflege ist er eine Augenweide.

Auf Reisen und im Urlaub

Jeder Vierbeiner mit Familienanschluß, so auch der Yorkie, fühlt sich am wohlsten im Kreis seiner Menschen. Daher sollte man ihn auch in die Ferien mitnehmen, zumal er klein und handlich ist und, sofern wohlerzogen, sich überall einfügt.

Nur wenn die Urlaubsreise in Länder geht, die Quarantäne für den Hund vorschreiben, muß der Yorkie zu Hause bleiben. In Europa sind dies nachstehende Länder: Großbritannien einschließlich Nordirland und die zu Britannien gehörenden Inseln vor der französischen Küste, Irland. Über die Einfuhrbestimmungen der anderen europäischen und außereuropäischen Länder, meist wird der Impfpaß verlangt, geben die Konsulate Auskunft. Verlassen Sie sich nicht darauf, daß ein kleiner Yorkshire leicht „einzuschmuggeln"

Wozu hat der Mensch den Stuhl erfunden? Natürlich für den Hund!

sei. Besonders die Länder mit Quarantäne-Vorschriften üben eine strenge Kontrolle aus, und als Ausländer mit Hund werden Sie immer auffallen. Die Strafen für die Umgehung bestehender Gesetze sind sehr hoch.

Man fährt natürlich nicht ins Urlaubsziel in der Hoffnung, daß Hotel- beziehungsweise Pensionbesitzer schon nichts gegen das Mitbringen solch eines kleinen Vierbeiners haben werden, sondern klärt die Sachlage vorher ab. Bei Reisen mit der Eisenbahn ist der Yorkshire am sichersten in seiner Tragetasche aufgehoben. Auch mit Fahrkarte hat kein Hund Anspruch auf einen Sitzplatz, die Tasche mit dem darin befindlichen Yorkie kann man aber neben sich auf den Sitz stellen. Die Yorkie-Schlafvorrichtung und sonstige Utensilien werden zusammen mit den Koffern als Reisegepäck aufgegeben, so daß man unbelastet fährt.

Im Auto kann der Kleine in seiner Schlafhöhle mit geschlossener Tür auf den hinteren Sitzen mitfahren. Sind die Rücksitze jedoch durch Mitreisende belegt, ist der Yorkie auch im Auto am besten in seiner Tragetasche untergebracht. Bei Flugreisen ist es ratsam, sich zeitig genug mit der betreffenden Fluggesellschaft in Verbindung zu setzen. In der Regel erlauben die meisten das Mitnehmen eines kleinen Hundes im geeigneten „Behälter" (Tragetasche) als Handgepäck im Flugzeug. Auch Schiffsreisen mit Hund sind unter bestimmten Voraussetzungen möglich, aber nicht unbedingt ratsam. Hier bleibt der Vierbeiner besser zu Hause.

Kann man den Yorkshire im Urlaub nicht dabei haben, muß für ihn rechtzeitig ein Ferienplatz gesucht werden. Dies können Freunde oder Nachbarn sein, die sich des Vierbeiners annehmen, und wenn die Betreuer den Hund und seine Art bereits kennen, gibt es kaum Probleme. Nicht so individuell verläuft der Aufenthalt in einer Hundepension, denn selbst die bestgeführte wird kaum die zeitaufwendige Pflege über Wochen garantieren können. Außerdem wird der Familienhund Heimweh bekommen. Es sind zwar in der Hundepension genügend Artgenossen zum Spielen da, aber den gewohnten engen Anschluß an seine Menschen wird er doch vermissen. Besser als in einer Tierpension wäre der Yorkie bei seinem Züchter aufgehoben, fragen Sie ihn, ob er einen Ferienplatz frei hat.

Jede Fahrt, ob kürzer oder länger, beginnt der Hund grundsätzlich mit leerem Magen. Bei Autofahrten legt man etwa alle zwei Stunden eine Pause ein und läßt ihn sich mal die Beine vertreten, dabei wird ihm vom mitgenommenen Wasser oder dünnen Tee angeboten. Bei Eisenbahnfahrten richtet man sich nach dem

Auf Reisen und im Urlaub

Putzmunter und beweglich, so soll der Yorkie sein

Fahrplan und Fahrtverlauf und nutzt etwas längeren Aufenthalt, um den Zug kurz verlassen zu können. Flugreisen – jedenfalls solche innerhalb Europas sind meist – so kurz, daß der Yorkie während dieser Zeit ruhig in seiner Tasche bleiben kann.

Befürchtet man, daß der Vierbeiner reisekrank werden könnte, hilft ein vom Tierarzt verordnetes Medikament. Man darf jedoch niemals irgendetwas seinem Hund geben, das dem Menschen helfen würde.

In den Urlaub wird folgendes mitgenommen: Die Schlafhöhle – sie ist ihm vertraut, und er wird sich darin, wo immer Sie sind, sofort heimisch fühlen –, seine Pflegeutensilien – sofern die Reise in warme Gegenden geht, zusätzlich auch gute Haarcreme oder Haaröl, damit das Haar durch die Hitze nicht bricht –, seinen Fut-

65

ternapf – den Trinknapf hat man auch bei Eisenbahn- oder Autofahrten dabei –, etwas Futtervorrat – vorzugsweise in Dosen, denn nicht immer findet man auf Anhieb am Ferienort das richtige Futter, und Tischreste dürfen nicht gegeben werden –, etwas Spielzeug sowie Reserve-Halsband mit Leine. In manchen Gegenden ist auch ein Flohhalsband nützlich – dies darf aber nur zeitweise und ausschließlich bei trockenem Wetter getragen werden. Auch ein paar Hundehandtücher werden eingepackt und natürlich der Schwamm zur Reinigung der Barthaare nach dem Füttern.

Bei Eisenbahn- oder Autofahrten hat man Wasser oder Tee von zu Hause mitgenommen, am Ferienort sollte man den Hund entweder mit Mineralwasser (ohne Kohlensäure) oder dünnem Tee versorgen, um einer Magenverstimmung vorzubeugen.

Sonnenhungrige Urlauber und solche, die große Hitze vertragen, müssen beachten, daß der Yorkie sich stets an möglichst schattigen und kühlen Plätzen aufhält. Das Auto ist an warmen Tagen für keinen Hund als Aufenthaltsort geeignet. Denn die Fahrzeuge heizen sich selbst im Schatten zu rasch auf, so daß auch spaltbreit geöffnete Seitenfenster wenig dagegen helfen. Daran muß man denken, sofern man Besichtigungsfahrten in die Umgebung des Urlaubsortes unternimmt.

Mit einem gutgezogenen, sich gesittet benehmenden Yorkshire Terrier wird man überall ein gern gesehener Gast sein. Auch Ihrem Vierbeiner wird ein Urlaub guttun und die Bindung an seine Familie noch vertiefen.

Ausstellung und Zucht

Vielen ist es schon ähnlich ergangen, möglicherweise ergeht es auch Ihnen so: Man hat sich einen Vierbeiner als Haushund angeschafft, ihn sachgemäß aufgezogen und erzogen, hegt und pflegt ihn rassegerecht. Man entschließt sich, einer Terrier-Gruppe beizutreten, um dort weitere Tips für die Haltung zu erfahren und wohl auch um Gedankenaustausch mit anderen Hundefreunden zu pflegen. Dabei wird immer wieder von Reisen berichtet und von Erfolgen auf Ausstellungen erzählt. Und obwohl man fest davon überzeugt ist, so etwas nicht mitmachen zu wollen, plötzlich stellt sich doch Interesse ein. Der eigene Liebling wird kritisch betrachtet, ob er denn auch eine Chance hätte. Freunde und Bekannte sagen, daß sie solch einen schönen Hund selten gesehen hätten, und als nächstes studiert man den Ausstellungskalender und überlegt, wo man ausstellen kann. Wenn es Ihnen mit Ihrem Yorkie so oder ähnlich geht, sollten Sie dennoch nichts übereilen. Zunächst müssen Sie die rosarot gefärbte Brille, mit der Sie Ihren Hund betrachten, von der Nase und Ihren Yorkie sehr kritisch unter die Lupe nehmen. Stimmt alles, was Sie an der Gesamterscheinung sehen, in etwa mit dem Rassestandard überein? Sind Haartextur und Farbe, Gebiß und anderes dementsprechend? Beim Rüden kontrollieren Sie, ob beide Hoden vorhanden sind, das ist wichtig. Im Standard wird das nie erreichbare Ideal beschrieben, man darf also kleine Abstriche machen, das Alter spielt auch eine Rolle, denn ein Junghund ist noch entwicklungsfähig.

Lassen Sie sich bei diesen Überlegungen beraten, Sie werden Ratschläge benötigen, wenn Sie Ihren Yorkshire ausstellen möchten. Erfahrene Aussteller, möglicherweise auch der Züchter Ihres Yorkie, können Ihnen zeigen, wie das Haar gewickelt werden muß, um die erforderliche Bodenlänge zu erreichen. Ein sogenanntes Ringtraining für Ihren Vierbeiner – und für Sie – ist vonnöten, damit Ihr Yorkie lernt, sich von seiner besten Seite „zu zeigen", und Sie wissen, wie man sich im Ausstellungsring verhält.

Nahezu jede örtliche Terrier-Gruppe, oder aber doch zumindest eine naheliegende, veranstaltet einmal im Jahr eine kleine Schau. Dies ist genau der richtige Ort, um zu beginnen. Nicht etwa siegessicher die erstbeste und größte Veranstaltung im Lande aussuchen, denn unerfahren im Ausstellungsbetrieb, werden Sie und/oder Ihr Yorkshire Terrier sicherlich zunächst Fehler machen.

Haben sie für Ihren Yorkie eine gute Bewertung erhalten und sind Sie mit dem Ausstellungsablauf vertraut, können Sie weitermachen, sofern auch Ihre Familie einverstanden ist! Ausstellungsbesuche können zu Ihrem liebsten Hobby werden, Sie kommen herum und treffen Leute, die dasselbe Interesse haben wie Sie.

Stellt sich auf der Ausstellung heraus, daß Ihr Yorkie einen gravierenden Fehler hat, der eine „Sehr gut"- oder „Vorzüglich"-Bewertung ausschließt, schimpfen Sie nicht auf den Züchter. Sie haben Ihren Yorkie

Bereit, ausgestellt zu werden

schließlich sehr jung erworben. Kein Züchter kann einen Junghund aber als zukünftigen Champion verkaufen. Wäre das Aussuchen in der frühen Jugend so leicht, insbesondere bei einer Rasse, an die hohe Anforderungen gestellt werden, würden Züchter nur Champions oder zumindest zukünftige ausstellen. Fragen Sie einmal langjährige Züchter, wie oft sie sich selber etwas Vielversprechendes aus einem Wurf herausgesucht und behalten haben, was dann doch nicht den hochgesteckten Erwartungen entsprechend herangewachsen ist.

In einem derartigen Falle sollten Sie sich eine andere Ausgangsbasis suchen. Wie wäre es beispielsweise mit dem bereits erwähnten Breitensport? Auch hier gibt es Lorbeeren zu ernten, und Ihnen und vor allem Ihrem Yorkshire macht diese „Arbeit" sicherlich Spaß. Ihr Vierbeiner wird, reaktionsstark und aufmerksam, hier als Kleinster viel Beifall ernten.

Noch ein paar Worte zur Zucht. Nahezu jeder Züchter, früher und heute, hat als einfacher Hundehalter angefangen. Man hatte einen Hund, man begann sich für die Rasse zu interessieren, man besuchte wohl auch mal eine Ausstellung. Sofern Platz, Zeit und Geld vorhanden waren, beschloß man, diese einem ans Herz gewachsene Rasse zu züchten. Züchten heißt, eine Rasse verbessern, die Nachkommen sollten immer ein kleines Stückchen besser sein als die Eltern. Züchten bedeutet nicht allein, daß eine Hündin, mit irgendeinem Rüden ohne Überlegung gepaart, Welpen bekommt, damit man dann auf den Ahnentafeln dieser Welpen als Züchter genannt wird!

Sofern Sie also als Halter einer Yorkshire Terrier-Hündin sich vorstellen, wie schön es wäre, wenn sie einmal Welpen bekäme, müssen Sie sich über die Konsequenzen im klaren sein. Glauben Sie nicht, daß Ihre Hündin unbedingt Welpen bekommen müßte. Das ist überflüssig. Die Infektionsgefahr ist beim Deckakt und beim Werfen sehr hoch, ein Wurf schützt also keinesfalls vor einer Gebärmutterentzündung.

Rechnen Sie sich auch nicht aus, daß soundsoviele Welpen soundsoviel Mark ergeben; das ist eine Rechnung, die nicht stimmt. Eine langjährige Züchterin wußte: „Yorkies zu züchten ist kein Kinderspiel, und die Frage, warum Welpen so teuer sind, ist damit beantwortet." Mit dem Erlös aus dem Welpenverkauf sind oft nicht einmal die Kosten abgedeckt.

Falls also bei Ihnen durch die Haltung eines Yorkshire Terriers das Interesse an der Zucht dieser attraktiven Kleinhunderasse aufkommt, ist vorheriges, sorgfältiges Überlegen notwendig. Die Platzfrage spielt eine große Rolle, auch wenn es keiner

Vier Welpen, bei Yorkshire Terriern schon ein überdurchschnittlicher Wurf

großen Außenzwingeranlage bedarf. Abzuraten ist von der Aufzucht in einer Mietwohnung. Sie haben zwar die Genehmigung zur Hundehaltung, dies schließt aber Züchten nicht ein. Yorkshire Terrier-Welpen sind nicht leise, und wohl selten werden Sie derart tolerante Mitbewohner haben, die wochenlang das Gefiepse und die ersten Bellversuche überhören. Das Badezimmer in einem Miethaus ist niemals der geeignete Ort für die Rasselbande, denn die dort verlaufenden Leitungen tragen den Schall in jedes Stockwerk; der Balkon kann bestensfalls als Auslauf bei gutem Wetter genutzt werden. Eine Grundkenntnis über die Vererbungslehre beim Hund muß man sich aneignen, die in der Schule gelernten Mendelschen Gesetze genügen nicht allein. Schließlich soll doch der passende Ausgleichsrüde für die Hündin gesucht und gefunden werden; dies ist nur möglich, wenn man über dominante bzw. rezessive Merkmale beim Yorkshire Terrier Bescheid weiß.

Die Zucht- und Eintragungsbestimmungen des betreffenden Rassehunde-Zuchtvereins fordert man an und befolgt sie. Die selbstgezogenen

Welpen sollen doch ordnungsgemäße Ahnentafeln erhalten.

Finanziell muß man so gestellt sein, daß man die sich summierenden Vorkosten verschmerzen kann; Yorkshire Terrier-Würfe sind in der Regel nicht groß, zwei bis drei Welpen sind die Norm. Manchmal jedoch nimmt eine Hündin nicht auf, das heißt, sie bekommt keine Welpen, oder aber die Welpen sind nicht lebensfähig. Von anderen, besonders in der Kleinhundezucht vorkommenden Komplikationen ganz zu schweigen. Und letztlich, man muß viel Zeit bei der Aufzucht verwenden, will man den Kleinen einen guten Start ins Leben sichern, und man muß sich trennen können von den einem ans Herz gewachsenen Welpen! Sie können sicher sein, das fällt oft selbst langjährigen Züchtern schwer.

Etwas anderes ist es, wenn sich Ihr Haushund, der Yorkshire Terrier-Rüde, zu einem Prachtexemplar ausgewachsen hat und auf Ausstellungen viele Auszeichnungen erhält. Dann wird er bestimmt als Vater zukünftiger Generationen gefragt werden. Auch hier müssen die Zuchtbestimmungen beachtet werden. Man sollte sich jedoch nicht darauf einlassen, seinen Rüden nur mal so Vater werden zu lassen, es besteht die Gefahr, daß er auf den Geschmack kommt, sein Sexualtrieb gefördert wird, und Sie haben die Schwierigkeiten in der Haltung, da er sich künftig mehr als bisher für Hündinnen interessiert.

Kostenloser Welpen-Service von Pedigree® Pal®

Haben Sie einen Welpen?

Als frischgebackener Hundebesitzer hat man viele Fragen: Wie wird mein Hund stubenrein? Wie lernt er, an der Leine zu gehen? Wie erziehe ich ihn? Was sollte er fressen? Und vieles mehr. Pedigree® Pal® bietet jedem Welpenbesitzer einen kostenlosen Informations-Service, der Sie während des ersten Lebensjahres Ihres Hundes begleitet. So erhalten Sie bis zu fünfmal immer genau die Informationen über Verhalten, Erziehung und Ernährung, die Sie entsprechend dem Lebensalter Ihres Hundes gerade brauchen. Dazu gibt es viele Tips und Wissenswertes aus der Welt junger Hunde – und machmal eine kleine Überraschung! Wenn Sie an diesem Service Interesse haben, schreiben Sie einfach an Pedigree® Pal®, wann genau Ihr Hund geboren ist. Die Anschrift lautet:

*Pedigree® Pal®,
Postfach 1260,
22859 Hamburg.
Oder rufen Sie an:
01805/33 45 45 (Mo–Fr, 9–18 Uhr, 0,48 DM/Minute)*

Ernährung

Der Hund braucht mehr als Fleisch

Leben ist Bewegung. Leben ist Wachstum. Leben ist Stoffwechsel. Damit Lebensvorgänge ablaufen können, muß sich das Lebewesen ernähren. Der Zweck der Ernährung ist es, dem Körper Nährstoffe zuzuführen. Diese dienen der Bewegung, indem sie Energie liefern, dienen dem Wachstum, indem sie die Baustoffe darstellen, dienen dem Stoffwechsel, indem sie verbrauchte Substanzen ersetzen. Nährstoffe befinden sich in der Nahrung. Tiere sind von organischen Stoffen abhängig. Diese gehen sämtlich auf Stoffwechselprodukte der Pflanzen zurück.

Der Hund als Nachfahre des Wolfes steht am Ende der Nahrungskette. Er verwertet nicht die Pflanze selbst, sondern pflanzenfressende Tiere. Die wildlebenden Ahnen unseres Hundes verzehrten ihre Beute meist vollständig. Von daher geht der Begriff „Fleischfresser" am Kern vorbei. Denn nicht nur Muskelfleisch, sondern ebenso die Knochen, Sehnen, das Fell und natürlich die Innereien samt dem pflanzlichen Inhalt wurden verschlungen. Treffender ist also die Bezeichnung „Beutetierfresser".

– Der Hund steht am Ende der Nahrungskette.
– Der Hund benötigt neben Fleisch auch Fett, Mineralstoffe, Vitamine und pflanzliche Materialien.
– Der Hund ist ein Beutetierfresser.

Das Verdauungssystem spaltet die Nahrung auf

Dem Wolf wie auch seinem Nachfahren Hund sind eine Reihe spezialisierter Organe eigen, mit denen er seine Nahrung beschaffen, zerkleinern und verwerten kann. Die Zähne dienen dem Ergreifen und Zerteilen der Beute. Mit Hilfe des Speichels gleitfähiger gemacht, gelangt die Nahrung durch die sehr dehnbare Speiseröhre in den Magen. Hier erfolgt eine erste Aufspaltung der einzelnen Bestandteile. Dieser Vorgang wird im Dünndarm fortgesetzt. Unverzichtbare Hilfe leisten dabei Verdauungsenzyme, die in der Bauchspeicheldrüse gebildet werden. Ihre Aufgabe ist die biochemische Zerkleinerung der Nährstoffe bis auf die Grundbausteine. Nur so zerlegt ist die Nahrung letztendlich verwertbar. Die Nährstoffe werden dann von der Darmschleimhaut aufgenommen und mit

Hilfe des Blutkreislaufs in jede noch so entlegene Zelle des Körpers transportiert. Dort erst erfüllen sie ihre eigentliche Funktion. Im Muskel beispielsweise wird die biochemische Energie bestimmter Nährstoffe in Bewegungsenergie umgewandelt, im Knochen dienen andere Nährstoffe als Bausteine den Wachstumsvorgängen. Unverwertbare Bestandteile der Nahrung gelangen in den Dickdarm und werden wieder ausgeschieden.

- Die Nahrung muß aufgespalten werden, um verwertbar zu sein.
- Die Aufspaltung erfolgt hauptsächlich im Darm.
- Die Nährstoffe werden mit dem Blutkreislauf aus dem Darm in alle Körperzellen transportiert.

Hohe Energieausbeute nur bei hochverdaulicher Nahrung

Ob unser Yorkshire Terrier läuft, springt, mit dem Schwanz wedelt oder vielleicht nur daliegt und Herrchen oder Frauchen beim Lesen zuschaut – jeder dieser Vorgänge braucht Energie, sie ist die treibende Kraft aller Lebensvorgänge. Unser Hund bezieht sie aus seinem Futter. In biochemischer Form gespeichert, gelangt Energie in den Körper und wird dort in die unterschiedlichsten Lebensäußerungen umgewandelt. Bei diesen Umwandlungsprozessen gibt es Verluste. Über Kot und Harn werden Stoffe ausgeschieden, die noch Energie speichern. Auch Wärmeverluste schmälern die Energieausbeute für den Organismus. Dennoch hat das Energieumwandlungssystem „Hund" einen höheren Wirkungsgrad als jedes vom Menschen ersonnene. Eines liegt jedoch auf der Hand: Je höher die Verdaulichkeit der Nahrung ist, desto geringer sind die Energieverluste für den Hund.

- Ohne Energie gibt es kein Leben.
- Die Energie ist in der Nahrung.
- Je höher die Nahrung verdaulich ist, desto besser wird sie verwertet.

Eiweiße sind Baustoff, Energieträger und Wirkstoff zugleich

Jeder Hund benötigt über fünfzig verschiedene Nährstoffe, und zwar Tag für Tag, ein Leben lang. Man kann diese der besseren Übersichtlichkeit halber in Hauptnährstoffgruppen zusammenfassen. Eine wesentliche dieser Gruppen wird von den Eiweißen oder Proteinen gebildet. Sie stellen wichtige Körperbausteine dar. Nur eine einzige Körpersubstanz überhaupt enthält keine Eiweiße als Baustein, und das ist der Zahnschmelz. Alle anderen Gewebe, ob nun Muskel, Nerven, Haut oder innere Organe, bestehen in irgendeiner Form aus Eiweißen. Sogar der Kno-

Ernährung

chen enthält nicht nur Mineralstoffe, sondern eben auch Gerüstproteine. Darüber hinaus werden wichtige Wirkstoffe wie Enzyme und Hormone durch Eiweiße aufgebaut. Außerdem sind Eiweiße eine Energiequelle für Hunde. Die Energieausbeute beim Abbau der Eiweiße ist jedoch nicht besonders hoch. In dieser Hinsicht ist die Nutzung von Fetten effizienter. Fette sind die für den Hund günstigste Energiequelle. Die Ausbeute bei ihrem biochemischen Abbau ist um etwa ein Drittel höher als bei Eiweißen. Fette sind jedoch nicht nur Energielieferanten. Sie stellen auch wichtige Bausteine für Zellmembranen dar und sind unverzichtbarer Bestandteil von bestimmten Hormonen und Vitaminen. Kohlenhydrate kommen in der Natur in großen Mengen in Pflanzen vor. Das Verdauungssystem des Hundes kann diese nur in erhitzter Form spalten. Dann stellen

Mutter und Tochter

einige Kohlenhydrate jedoch gute Energielieferanten dar. Weiterhin dienen Kohlenhydrate als Ballaststoffe. In dieser Funktion regen sie die Darmbewegung an und sind so für die Passage der Nahrung durch den Darm unerläßlich. Ebenso wichtige, jedoch grundsätzlich andere Aufgaben erfüllen die Mineralstoffe. Die bekanntesten unter ihnen, Kalzium und Phosphor, bilden die Hauptbestandteile der Knochen. Sie fungieren also als Baustoff. Andere Mineralstoffe werden im Stoffwechsel von Substanzen benötigt, welche Steuer- und Regelungsmechanismen bedienen. So gibt es eine Reihe von Enzymen und Hormonen, die ohne die Anwesenheit bestimmter Mineralstoffe wirkungslos blieben. Weiterhin laufen so wichtige Vorgänge wie Blutgerinnung, Muskelkontraktionen oder die Erregungsleitung in Nerven nur ab, wenn die dazugehörigen Mineralstoffe dem Körper über die Nahrung zugeführt werden. Die Gruppe der Mineralstoffe kann man noch einmal unterteilen in Mengenelemente (von diesen wird ein bedeutendes Quantum täglich benötigt) und Spurenelemente (hiervon reichen oft schon ganz geringe Mengen im Mikrogrammbereich aus). Schließlich müssen noch die Vitamine in der Nahrung sein, von denen es fettlösliche und wasserlösliche gibt. Vitamine haben lebenswichtige Steuerfunktionen, dienen dem Sehvermögen, der Krankheitsabwehr oder dem Energiestoffwechsel.

- Eiweiße sind Baustoff, Energieträger und Wirkstoff zugleich.
- Fette sind die günstigste Energiequelle.
- Mineralstoffe bauen das Skelett auf und steuern lebenswichtige Vorgänge im Stoffwechsel
- Vitamine regeln unverzichtbare Lebensprozesse.

Wachsende Hunde benötigen spezielle Nahrung

Die moderne Tiermedizin hat die Besonderheiten des Hundestoffwechsels genau untersucht. So besteht heute die Möglichkeit, nicht allein den Energiebedarf eines heranwachsenden Hundes genau anzugeben, sondern auch seinen Bedarf an Kohlenhydraten, Eiweißen und Fetten sowie Mineralstoffen und Vitaminen. Dies ist entscheidend, wenn man das Ziel hat, durch eine artgerechte Bilanzierung von Nahrungsbestandteilen eine gesunde Hundeentwicklung zu fördern.

Ein gutes Beispiel dafür ist der Bewegungsapparat. Mit Hilfe von Messungen der Wachstumsgeschwindigkeit der Knochen, Röntgenaufnahmen des Bewegungsapparates, Bestimmungen der Knochendichte, Vergleich von vielen hundert gesund aufgewachsenen Hunden und weiteren Untersuchungsverfahren ist der Bedarf an

Ernährung

Ein lustiges Geschwisterpärchen

Kalzium und Phosphor genau festgestellt worden. Aufgrund dieser Zahlen sind wissenschaftlich exakte Empfehlungen für die Versorgung mit diesen Mengenelementen möglich – und zwar jeden Monat im Leben eines wachsenden Hundes.

Wegen des hohen Bedarfs der Welpen an knochenaufbauenden Mineralstoffen liegt der Kalzium- und Phosphorbedarf in den ersten beiden Lebensmonaten rund viermal höher als beim erwachsenen Hund. Mit zunehmender Mineralisierung der Knochen nimmt er im Laufe des Wachstums stetig ab.

Um ein gleichmäßiges Knochenwachstum und eine gesunde Skelettentwicklung zu erreichen, kann die Versorgung mit Kalzium und Phosphor eigentlich nur durch eine ausgewogene, altersangepaßte Vollnahrung problemlos gewährleistet werden.

Eine Selbstherstellung von Hundenahrung ist wegen der möglichen Unter- oder Überversorgung mit lebenswichtigen Nährstoffen insbesondere bei Welpen sehr kritisch. So ist in „Eigenmischungen" das Kalzium/Phosphor-Verhältnis meist nicht korrekt ausbilanziert.

Warm zugedeckt

Die Wachstumsrate junger Hunde und die Unterschiede zwischen einzelnen Hunden werden übrigens nicht allein durch Erbanlagen bestimmt. Auch äußere Faktoren wie Ernährung, Klima oder Krankheiten sind wichtig. Eine optimale Gestaltung der äußeren Einflußfaktoren kann das Wachstum im positiven Sinne beeinflussen – also eine artgerechte, angemessene Ernährung, gute Haltungsbedingungen und eine vernünftige Krankheitsverhütung, zum Beispiel durch Impfungen. Da es bei jedem Hund Unterschiede der äußeren Bedingungen gibt, variiert die Gewichtsentwicklung von Individuum zu Individuum ein wenig. Das bedeutet, daß es immer Abweichungen des altersentsprechenden Körpergewichtes von den wissenschaftlich ermittelten Durchschnittswerten gibt. Diese Unterschiede sind aber nicht nur von wissenschaftlichem Wert. In der Praxis ergeben sich aus den natürlichen Differenzen bei der Wachstumsgeschwindigkeit Unterschiede beim Bedarf der wachsenden Hunde an Energie, Eiweißen und insbesondere auch Mineralstoffen. Dies muß bei der Ernährung von Welpen und Junghunden bedacht und einkalkuliert werden.

Das Verdauungssystem und der Stoffwechsel von Welpen weisen eine Reihe von Besonderheiten auf. Der Magen ist noch relativ klein, so daß nur eine begrenzte Menge Nahrung aufgenommen werden kann. Diese eingeschränkte Speicherfunktion des Magens macht eine häufige Nahrungsaufnahme notwendig.

Einige Körpergewebe beziehungsweise Organsysteme sind während der ersten Lebensmonate ganz besonders auf eine richtig zusammengesetzte Nahrung angewiesen, um sich so entwickeln zu können, wie es die Natur vorgesehen hat. Hierzu gehören Bewegungsapparat, Abwehrsystem, Fortpflanzungssystem, Haut und Fell sowie Lunge und Atemwege. Anders als das Herz-Kreislauf-System des jungen Hundes, das sich schon im Mutterleib fast vollständig entwickelt hat, reift beispielsweise der Bewegungsapparat erst später aus. So sind nach der Geburt zwar sämtliche Knochen beim Welpen angelegt und vorhanden, bestehen aber überwiegend noch aus Knorpel, also einem Gewebetyp, der zwar sehr elastisch ist, jedoch nur eine geringe Festigkeit hat. Dieses bindegewebige Gerüst wandelt der Organismus nach und nach zum tragfähigen Knochen um, indem er Mineralstoffe – vor allem Kalzium und Phosphor – einlagert. So entwickelt der Junghund im Laufe vieler Monate die biologisch notwendige Festigkeit seiner Knochen. Solange bleibt den noch nicht voll mineralisierten Knochen die Möglichkeit, weiterzu wachsen. Erst gegen Ende der Wachstumsperiode des Hundes verschließen sich die Wachstumsfugen der Knochen, die bis dahin ein Längenwachstum ermöglicht haben.

Im gesamten Zeitraum der Knochenbildung muß also die Zusammensetzung der Nahrung optimal auf die Bedürfnisse des Knochenwachstums eingestellt sein. Junge Hunde haben keinen Schutzmechanismus vor überhöhter Kalziumzufuhr mit der Nahrung wie erwachsene Tiere.

Unter dem Einfluß von Hormonen wird ein eventueller Kalziumüberschuß überwiegend in den Knochen eingelagert, was im Endeffekt zu einer gesteigerten und gleichzeitig gestörten Verknöcherung führt. Die daraus resultierenden Skelettdeformierungen und Bewegungseinschränkungen sind im späteren Lebensalter nicht wiedergutzumachen. Die Empfehlung, Junghunden eine Kalziumergänzung – selbst bei Verwendung einer vollständigen und richtig bilanzierten Vollnahrung – zukommen zu lassen, ist wissenschaftlich nicht haltbar. Wegen der möglichen Gefahren ist die Gabe von kalziumreichen Nahrungsadditiven deswegen zu vermeiden.

- Wachsende Hunde haben einen höheren Energiebedarf.
- Das heranwachsende Skelett braucht mehr als doppelt so viele Mineralstoffe.
- Spezielle Welpennahrung deckt alle Bedürfnisse ab.

Fertignahrung ist hochwertig, sicher und bequem

Wie wir gesehen haben, benötigen Hunde sehr viele verschiedene Nährstoffe. Diese müssen nicht nur in der optimalen Menge, sondern auch im richtigen Verhältnis zueinander in der Nahrung sein. Hinzu kommen besondere Lebenssituationen wie Wachstum, Phasen hoher körperlicher Belastung, Trächtigkeit oder Alter. Jede dieser Situationen bringt veränderte Nährstoffansprüche mit sich. Verdaulichkeit und Schmackhaftigkeit des Futters sollen auch gewährleistet sein, damit der Hund den Napf leert. Wollten wir unserem Hund selbst die tägliche Nahrung bereiten, hätten wir das alles zu beachten. Wir müßten den Gehalt der Ausgangsmaterialien an Eiweißen, Fetten, Mineralstoffen und Vitaminen genau kennen. Wer jedoch mißt die Menge essentieller Aminosäuren oder den Vitamingehalt eines Stückes Fleisch?

Wieviel Kalzium ist denn nun in der Messerspitze Futterkalk enthalten? Und was ist mit der Zeit, die wir für die tägliche Futterration unseres vierbeinigen Freundes benötigen würden?

Am sichersten ist die Verwendung qualitativ hochwertiger Fertignahrung, wie sie von verantwortungsbewußten, erfolgreichen Züchtern empfohlen wird. Alle Nährstoffe sind in richtiger Menge und optimalem Verhältnis ent-

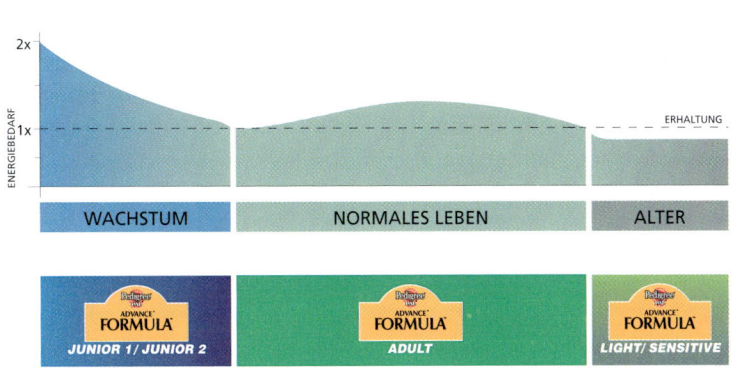

© EFFEM GmbH

halten. Man kann genau portionieren, die Fütterung ist sauber, schnell und bequem. Das deutsche Futtermittelrecht regelt die Zusammensetzung streng und genau. Es dürfen nur einwandfreie Rohmaterialien von gesunden Tieren und Pflanzen verwendet werden. Fertignahrung ist also der beste und sicherste Weg, unseren Hund richtig und gesund zu ernähren. Und schmecken wird es ihm ganz gewiß.

- Futterselbstzubereitung ist kompliziert, zeitraubend und erfordert Spezialkenntnisse.
- Fertignahrung ist sicher, hat hohe Qualität und erfüllt alle Nährstoffansprüche des Hundes.

Wichtige Tips zur Fütterung Ihres Hundes

1. Bei der Verwendung von Fertignahrungsmitteln, die als „Alleinfutter" deklariert sind, erhält Ihr Hund alle lebensnotwendigen Nährstoffe in ausgewogener Zusammensetzung für ein langes, gesundes Hundeleben.
2. Ein Welpe braucht zu Beginn seines Lebens etwa doppelt so viele Nährstoffe und Energie wie ein ausgewachsener Hund, deshalb füttern Sie in der Wachstumsphase ein Fertigfutter, welches für wachsende Hunde bestimmt ist.

3. Verwenden Sie als Milchersatz für Saugwelpen nur spezielle Welpenmilchprodukte, Kuhmilch ist auf keinen Fall zu empfehlen, da sie nicht eiweiß- und fettreich genug ist und zu Durchfällen führen kann.
4. Achten Sie darauf, Futterumstellungen langsam und schrittweise über fünf Tage durchzuführen, so daß sich der Verdauungstrakt des Hundes an die neue Nahrung gewöhnen kann.
5. Füttern Sie stets zur gleichen Zeit und möglichst am gleichen Ort weder zu heiß noch zu kalt (nicht direkt aus dem Kühlschrank).
6. Bieten Sie ihrem Hund nur die Futtermenge an, die er auch auffrißt, keine Futterreste stehen lassen.
7. Frisches Wasser zum Trinken sollte Ihr Hund stets zur Verfügung haben.
8. Füttern Sie Fleisch bitte nur im abgekochten Zustand, bei der Fütterung von rohem Fleisch besteht Infektionsgefahr.
9. Bei der Verwendung eines hochwertigen Fertigfutters brauchen Sie keinerlei Zusatzstoffe oder Ergänzungsfuttermittel zusätzlich zu füttern.
10. Bei älteren Hunden ist die Futtermenge in 2–3 Mahlzeiten aufzuteilen. Die verwendeten Eiweiße müssen hochwertig und hochverdaulich sein.

Gesundheit

Vorbeugen ist besser als Heilen

Artgerechte Haltung, Pflege und Ernährung sind Voraussetzungen für die Gesundheit. Das seelische Wohlbefinden des Hundes ist so wichtig wie das körperliche. Der gesunde Hund nimmt aufmerksam und lebhaft Anteil an seiner Umgebung. Er ist kräftig und ausdauernd. In der Ruhe atmet er 10- bis 20mal, das Herz schlägt 70- bis 100mal in der Minute. Die Körpertemperatur liegt um 38,5 °C. Gesundheit ist nicht nur „Freisein von Krankheiten", sie schließt auch Widerstandskraft gegen Infektionen ein.

Das Haarkleid schützt nicht nur gegen Wind und Wetter, es ist auch Zeichen von Gesundheit. Stumpfes Haar, ständiger Haarausfall und starker Geruch deuten auf innere Erkrankungen hin. Die Haut soll frei von Schuppen und Rötungen sein, kein Juckreiz soll den Hund plagen.

Flöhe, Läuse und Haarlinge kann auch der gepflegteste Hund von einer Hundebegegnung mitbringen. Bei Juckreiz wird als erstes die Haut auf Flohstiche – bis zu linsengroße, geschwollene Rötungen – und das Fell auf Parasitenkot – kleine schwarze Pünktchen – abgesucht. Lieblingssitze der ungebetenen Gäste sind die Innenflächen der Hinterbeine, die „Achselhöhlen" und die Ohrmuscheln. Bei leichtem Befall genügt ein Flohpuder oder -spray. Wirksamer sind Waschlösungen, die das Fell bis auf die Haut benetzen, oder verschreibungspflichtige Mittel, die auf die Haut getropft werden und bis zu vier Wochen wirken. Das Ablecken solcher Mittel muß aber unbedingt verhindert werden. „Anti-Floh-Halsbänder" geben bis zu vier Monaten gas- oder puderförmige Wirkstoffe ab. In Hundehütten können bei einigen Halsbändern Giftgaskonzentrationen auftreten, die auch für den Hund bedenklich sind. Manche Halsbänder verlieren zudem durch Nässe an Wirksamkeit. Bei Flohbefall muß immer das Lager des Hundes mitbehandelt werden. Moderne Spezialmittel töten dabei nicht nur „erwachsene" Flöhe, sondern stoppen auch die weitere Entwicklung der Flohlarven. Hundedecken werden am besten ausgekocht, Teppiche regelmäßig gesaugt und Stroh in der Hütte gewechselt.

Zecken lassen sich aus dem Gebüsch auf den Hund fallen, beißen sich in der Haut fest und saugen sich mit Blut voll. Je länger sie saugen, de-

Gesundheit

Der Kauknochen ist gut für die Gebißpflege

sto größer ist in bestimmten verseuchten Gegenden die Gefahr, daß eine für Hunde gefährliche Infektionskrankheit, die Borreliose, übertragen wird. Deshalb sollten Zecken so rasch wie möglich entfernt werden. Sie dürfen aber nicht einfach ausgerissen werden, weil dabei die Beißwerkzeuge in der Haut steckenbleiben und Entzündungen verursachen können. Am besten erfaßt man die Zecke mit einer Spezialpinzette und hebelt sie drehend aus der Haut heraus. Auf keinen Fall darf eine Zecke mit Alkohol betäubt oder mit Öl erstickt werden. Im Todeskampf gibt sie ihren Speichel in die Blutbahn des Hundes ab und damit eventuell Erreger einer Infektion. Inzwischen gibt es, allerdings nur beim Tierarzt, ein Anti-Zecken- und -Flohhalsband, das den Befall mit Zecken weitgehend und das Blutsaugen sicher verhindert.

Die Ohren sollten alle vier Wochen gereinigt werden. Mit Wattestäbchen kann man das Trommelfell zwar kaum verletzen, das Ohrenschmalz aber in der Tiefe zusammenstopfen. Besser ist ein alkoholischer Ohrreiniger, der randvoll ins Ohr eingegossen und bei zugedrückter Ohrmuschel durchmassiert wird. Das gelöste Ohrenschmalz kann der Hund dann selbst ausschütteln, vorzugsweise im Freien.

Dunkle, übelriechende Beläge im Ohr zeigen eine Entzündung an. Meist wird sich der Hund dann auch am Ohr oder – scheinbar – am Halsband kratzen und den Kopf schütteln.

Ursache des „Ohrenzwanges" können Ohrenmilben, Grasgrannen oder andere Fremdkörper sowie Bakterien und Pilze sein. Wenn zwei- bis dreimalige gründliche Reinigung mit dem Ohrreiniger keine Besserung bringt, ist eine gezielte Behandlung erforderlich.

Die Augen werden mit einem Stückchen Mullbinde oder einem Taschentuch vom „Schlaf" gereinigt. Fusseln von Watte oder Papiertaschentüchern reizen die Schleimhäute. Bindehautentzündungen können auch durch Zugluft, Staub oder starke Sonne verursacht werden. Zur Linderung werden Augentropfen in den heruntergezogenen Bindehautsack geträufelt. Borwasser wird heute nicht mehr verwendet, weil feine Kristalle als Fremdkörper wirken können. Länger andauernder wäßriger, schleimiger oder eitriger Augenausfluß sollte nicht mit Hausmitteln kuriert werden. Es könnte eine Infektion vorliegen. Wucherungen auf der Rückseite der Nickhaut müssen meist operativ behandelt werden.

Die Zähne werden durch Hundekuchen oder Knochen ausreichend gereinigt. Auch die Tortur des Zähneputzens kann Zahnstein kaum verhindern. Zur Entfernung weicher Beläge eignet sich am ehesten ein Wattebausch, getränkt mit dreiprozentiger Wasserstoffsuperoxydlösung. Zahnstein ist ein fest anhaftender brauner Belag aus verhärteten Salzen. Fauliger Mundgeruch durch Zahnfleischentzündungen und -vereiterungen sowie Zahnausfall sind die Folgen. Zahnstein sollte frühzeitig fachkundig entfernt werden.

Lose Zähne müssen gezogen werden. Da der Hund keine Beute jagen, festhalten oder zerreißen muß, kann er auf schmerzende Zähne gut verzichten. Nach Entfernung der Eiterherde wird er sich auch allgemein wohler fühlen, denn sie können den Körper vergiften und zum Beispiel chronische Herzklappenentzündungen auslösen.

Die Analbeutel sollen eigentlich bei jedem Kotabsatz eine individuelle Duftmarke zur Revierkennzeichnung hinterlassen. Infolge der Domestikation funktioniert die Entleerung häufig nicht richtig. Sekretstauungen sind die Folge; den Juckreiz versucht der Hund vergeblich durch Rutschen auf dem After zu beseitigen. Dieses „Schlittenfahren" ist entgegen landläufiger Vermutung fast nie auf Wurmbefall zurückzuführen. Stark gefüllte Analbeutel müssen fachkundig ausgedrückt, vereiterte müssen tierärztlich behandelt werden.

Die Krallen werden nur bei regelmäßigem Auslauf auf hartem Untergrund ausreichend abgelaufen. Nur bei krankhaftem Hornwachstum oder Stellungsfehlern müssen sie geschnitten werden. Dabei soll die in der Kralle verlaufende Ader nicht verletzt werden. „Wolfskrallen",

Überbleibsel der an sich verkümmerten fünften Zehe an Vorder- und Hinterläufen, können bei Verletzungen stark bluten. Sie sollten vorsorglich amputiert werden. Das geschieht üblicherweise schon bei neugeborenen Welpen.

Erste Hilfe tut not

Hautverletzungen müssen genau inspiziert werden. Oberflächliche Abschürfungen und Schrunden können mit Hausmitteln behandelt werden. Auf jeden Fall werden im Bereich der Verletzungen die Haare mit einer gebogenen Schere kurz abgeschnitten. Sie verkleben sonst mit dem Wundsekret; Vereiterung ist die Folge. Die Wunde wird mit Wundgel, -spray oder -tinktur behandelt. Fetthaltige Salben behindern den heilungsfördernden Luftzutritt, Puder verkrustet.

Bei tieferen Wunden mit Durchtrennung der Haut sollte umgehend ein Tierarzt hinzugezogen werden. Bei Beißereien und Stacheldrahtverletzungen wird die Haut oft vom Körper losgerissen, so daß tiefe Taschen zu versorgen sind. Von Fall zu Fall ist zu prüfen, ob eine „offene Wundbehandlung" oder eine Naht besser ist. Nur frische Wunden können mit Aussicht auf komplikationslose Heilung genäht werden.

Eine offene, aus der Tiefe nässende oder eiternde Wunde darf der Hund belecken. In allen anderen Fällen wird die Wundheilung behindert, weil die zarten Heilungszellen am Wundrand gestört werden. Das Belecken von Wunden und das Abreißen von Verbänden können durch einen Halskragen verhindert werden. Aus einem passenden Kunststoffeimer wird der Boden herausgeschnitten. Die Schnittkanten werden abgepolstert, an vier Stellen durchlöchert und mit Bindfäden versehen, die am Lederhalsband festgebunden werden.

Wundstarrkrampf ist beim Hund selten. Impfungen sind daher nicht üblich. Zur Vorbeugung sollen Wunden ausbluten und nicht luftdicht abgedeckt werden. Wenn größere Adern verletzt sind, kommt es zu andauernden, starken Blutungen. Häufig tritt Blut im Strahl aus. Dann muß zur Ersten Hilfe ein Druckverband angelegt werden. An ungünstigen Körperstellen wie am Kopf kann auch von Hand eine Kompresse aufgedrückt werden. Gliedmaßen können abgebunden werden, die Abbindung muß aber viertelstündlich kurz gelöst werden. In solchen Fällen ist stets umgehend tierärztliche Hilfe erforderlich.

Unfälle können auch zu inneren Verletzungen und Gehirnerschütterungen führen. Bei Bewußtseinstrübungen soll nie Flüssigkeit eingeflößt werden. Die Maulschleimhaut kann aber mit Kaffee, Tee oder auch einfach mit Wasser befeuchtet werden.

Der Hund wird vorsichtig getragen oder seitlich mit tiefliegendem Kopf und herausgezogener Zunge auf einer Decke gelagert, die, von zwei Personen an den Ecken strammgezogen, auch als „Tragbahre" dient. Am Unfallort sind meistens die Diagnose und vor allem eine wirksame Schockbehandlung erschwert. Telefonisch sollte zur Vermeidung unnötiger Wege und Zeiten ein dienstbereiter Tierarzt verständigt und umgehend aufgesucht werden.

Lahmheiten können viele Ursachen haben. Als erstes wird die Pfote untersucht. Dornen oder Splitter werden ausgezogen. Verfilzte Haare drücken zwischen den Ballen wie ein Stein im Schuh; sie werden daher vorsichtig ausgeschnitten. Wunde

Da läßt sich einer den Wind um die Nase wehen

Stellen werden wie Hautverletzungen behandelt. Im Winter müssen Streusalzreste von den Pfoten abgewaschen werden. Bei Krallenbettentzündungen können warme Kamillen- oder Seifenbäder Linderung bringen. Lose Krallenteile werden an der Bruchstelle beherzt abgeschnitten. In vielen Fällen ist ein Verband erforderlich. Er muß fachkundig angelegt werden, um Druckstellen zu vermeiden.

Bei Schwellungen, Prellungen und Verstauchungen kann das Fell des betroffenen Körperteils mehrmals täglich mit kaltem Wasser durchnäßt werden. Das wirkt wie ein Kühlverband, lindert den Schmerz und hemmt – frühzeitig angewendet – weitere Schwellungen. Wenn ein Bein überhaupt nicht belastet wird, besteht Verdacht auf Knochenbruch. Bei stark abnormer Beweglichkeit können die Gliedmaße durch eine Notschiene ruhiggestellt werden.

Andauernde, wiederkehrende oder sich verschlimmernde Bewegungsstörungen sind stets ein Fall für den Tierarzt. Das Humpeln auf einem Hinterbein wird nicht selten durch eine Ausrenkung der Kniescheibe oder durch Riß von Bändern bedingt, die operativ fixiert werden müssen.

Vergiftungen sind meist „Unglücksfälle" und nur selten böse Absicht. Rattengift kann bei unsachgemäßem Auslegen direkt, aber auch mit vergifteten Nagetieren aufgenommen werden. Meist handelt es sich um Cumarinpräparate, die zu inneren Blutungen führen. Vorsicht ist auch bei Schädlings- und Unkrautbekämpfungs- sowie bei Frostschutzmitteln geboten. Hochgiftige Thallium-, Zinkphosphid- und Arsenzubereitungen, Blausäure und Strychnin sind heute gottlob kaum noch erhältlich. Die besten Überlebenschancen bestehen, wenn man „nach frischer Tat" das Gift wieder aus dem Magen herausbefördern kann. Der Tierarzt kann Erbrechen durch eine Spritze auslösen, der Laie durch Eingeben von zwei bis drei Teelöffeln Salz. Nach dem Erbrechen kann eine Aufschwemmung von etwa zehn Kohlekompretten eingeflößt werden. Milch wird nicht gegeben, weil verschiedene Gifte fettlöslich sind. Etwa vorhandene Hinweise auf die Art des Giftes ermöglichen eine rechtzeitige, gezielte tierärztliche Behandlung. Ungewisser sind die Aussichten, wenn Vergiftungsfolgen wie Krämpfe, Mattigkeit oder Brechdurchfall schon eingetreten sind, die Ursache aber nur vermutet werden kann. Eine genaue Diagnose ist oft erst durch Spätschäden wie Blutungen oder Haarausfall möglich. Dann kann es für eine Rettung bereits zu spät sein.

Durchfall ohne Fieber bessert sich häufig nach einem Fastentag: Der Hund erhält ausschließlich stark verdünnten Tee mit einer Prise Salz, aber ohne Zucker. Zur Geschmacksverbes-

Gesundheit

serung ist Süßstoff erlaubt. Zusätzlich ist es nie verkehrt, eine Aufschwemmung von Kohlekompretten einzugeben. Keinesfalls darf Durchfall mit Wasserentzug „behandelt" werden; der Körper würde zu stark austrocknen. Am zweiten Tag erhält der Hund in kleinen Portionen ein Diätfutter, zum Beispiel Beefsteakhack, Schmelzflocken und rohen geriebenen Apfel. Am dritten Tag muß der Kot zumindest wieder dickbreiig sein.

Verstopfungen lassen sich oft durch rohe Leber oder Milz oder einige Teelöffel süßer Dosenmilch beheben. Bei krampfhaft vergeblichem Drängen kann ein Mikroklistier Erfolg bringen. Bei einer Verhärtung von Knochenteilen im Enddarm hilft allerdings meist nur ein fachgerechter Einlauf.

Erbrechen ist keine selbständige Krankheit. Einmaliges Erbrechen kann durch zu hastiges Fressen, zu kaltes Futter oder Aufnahme von Fremdkörpern ausgelöst werden. Gelegentliches Erbrechen ist beim Hund ohne große Bedeutung. Um zu erbrechen frißt der Hund häufig Gras. Geschieht das regelmäßig oder wird ständig das Futter erbrochen, muß ein Tierarzt hinzugezogen werden. Auch Durchfall und Erbrechen mit Fieber sind kein Fall für Hausmittel.

Scheinschwangerschaft tritt bei manchen Hündinnen etwa acht Wochen nach der Läufigkeit auf. Sie sind unruhig, „bemuttern" irgendwelche Gegenstände, fressen schlecht und erbrechen gelegentlich. Das Gesäuge schwillt, Milch bildet sich. Abhilfe schafft häufig wenig Fressen und Trinken bei viel Bewegung und Beschäftigung. Das Gesäuge kann mehrmals täglich mit kaltem Wasser befeuchtet werden, um Schwellung und Milchproduktion zu hemmen. Keineswegs soll die Milch ausgedrückt werden. Damit würde nur die weitere Milchbildung angeregt. Bei sehr starker Gesäugeschwellung und trotz Hausmitteln nicht nachlassenden Erscheinungen muß der Tierarzt verständigt werden.

Insektenstiche, vor allem durch das Schnappen nach Wespen und Bienen verursacht, können schnell zu erheblichen Schwellungen am Kopf oder, noch schlimmer, im Rachen führen. Äußerliche Kühlung mit Eiswürfeln und eine Tablette gegen Allergie ersparen oft nicht die möglichst rasche tierärztliche Behandlung.

Alarmzeichen

Fieber ist eine Abwehrreaktion des Körpers, meist auf Infektionen. Die Hundenase kann auch beim kranken Hund feucht und kühl sein. Die Temperatur muß mit einem Fieberthermometer (je nach Modell bis zu fünf Minuten) im Mastdarm gemessen werden. Sie darf nicht über 39 °C liegen. Untertemperaturen unter 37,5 °C entstehen infolge einer

Gesundheit

Idyll in Rosa

Reduzierung der Stoffwechselvorgänge häufig vor dem Tod.

Husten, als ob ein Knochen im Hals säße, tritt bei Mandelentzündungen auf. Ernstere Infektionen wie Zwingerhusten oder gar Staupe könnten auch vorliegen. Pumpende Atmung entsteht durch eine Lungenentzündung, aber auch durch Wasseransammlung in der Lunge, zum Beispiel infolge von Vergiftungen. Bei alten Hunden kann der damit verbundene Husten auch auf eine Herzschwäche zurückzuführen sein. Bauchpressen und Aufblasen der Backen sind Zeichen höchster Atemnot.

Schleimhäute im Auge und im Fang geben Hinweis auf innere Erkrankungen: Blässe deutet auf Blutarmut hin, Gelbfärbung auf Leberschäden mit Gelbsucht, Blutungen auf schwere Infektionen oder Vergiftungen, eine bläuliche Färbung tritt bei Herz- und Kreislaufschwäche auf.

Kot und Urin mit Blutbeimengungen lassen krankhafte Veränderungen erkennen. Bei Blutungen im Magen und in den vorderen Darmabschnitten kann der Stuhl durch das verdaute Blut pechschwarz aussehen. Nierenerkrankungen können auch mit erhöhtem Durst verbunden sein.

Wenn Mattigkeit und Mundgeruch hinzukommen, ist meist bereits eine Harnvergiftung eingetreten. Harnsteine, Blasenriß oder Vergiftungen können dazu führen, daß überhaupt kein Urin mehr abgesetzt wird; dann besteht höchste Gefahr. Geschwülste, Prostatavergrößerungen und Mastdarmveränderungen erschweren den Kotabsatz. Verhärtete Knochenteile können den Enddarm völlig verstopfen. Erbrechen und zunehmende Mattigkeit bei fehlendem Kotabsatz sprechen für Darmverschluß oder einen Fremdkörper im Darm.

Speicheln wird im harmlosesten Fall durch Fremdkörper in der Maulhöhle oder durch lose Zähne verursacht, bedenklicher wäre eine E 605-Vergiftung oder Pseudowut, schlimmstenfalls ist an Tollwut zu denken.

Umfangsvermehrungen des Bauches bei sonst normalem Ernährungszustand oder zunehmende Abmagerung können durch Tumore oder Bauchhöhlenwasser hervorgerufen werden. Bei einer Gebärmuttervereiterung besteht gleichzeitig fast immer starker Durst, gelegentlich auch Scheidenausfluß. Eine plötzliche Aufblähung des Bauches mit Kolik und Kreislaufschwäche, bedingt durch eine Magendrehung, erfordert unverzügliche Operation. Eine Entzündung der Kaumuskeln mit Schwellung und Verhärtung sowie hervortretenden Augäpfeln muß sofort tierärztlich behandelt werden.

Infektionen bedrohen die Gesundheit

Staupe und ansteckende Leberentzündung (Hepatitis) sind Viruskrankheiten, die für Junghunde besonders gefährlich sind, aber auch ältere Hunde befallen. Staupe beginnt mit einem häufig kaum merkbaren, kurzen Fieber, dem nach etwa acht Tagen eine schwere Lungenentzündung mit eitrigem Augen- und Nasenausfluß oder ein Durchfall folgt. Eine besondere Verlaufsform ist mit einer Verhärtung der Ballen verbunden. Nach scheinbarer Besserung treten nervöse Erscheinungen bis hin zu Krämpfen auf, die meistens zum Tod führen. Nach überstandener Staupe bleibt häufig ein nervöses Zucken der Kopfmuskeln, der „Staupetick", nach Erkrankungen im Junghundealter das „Staupegebiß" mit erheblichen Zahnschmelzdefekten zurück. Die ansteckende Leberentzündung verläuft ähnlich, mit hohem Fieber, Apathie und Appetitlosigkeit. Hornhauttrübungen können bleibende Folgeschäden sein.

Stuttgarter Hundeseuche (Leptospirose) wird durch Bakterien verursacht und von Hund zu Hund übertragen. Sie beginnt häufig mit einer Schwäche in den Hinterbeinen. Geschwüre im Maul, Magen und Darm sind mit aasartig-faulem Maulgeruch und blutigem Durchfall verbunden.

Gesundheit

Tollwut tritt bei Hunden nur noch selten auf. Die Seuche wird vor allem durch Füchse übertragen. Hinweisschilder warnen in gefährdeten Gebieten vor Tollwut. Die Krankheit ist besonders tückisch: Die typischen Wuterscheinungen mit heiserem Gebell, Wasserscheue, Unruhe und unmotivierter Beißwut fehlen häufig. Die „stille Wut" ist im Anfangsstadium schwer zu erkennen. Ein erkranktes Tier stirbt immer.

Parvovirose ist eine Viruskrankheit, die sich bei Hunden aller Altersgruppen in schweren, durch Erbrechen und Durchfall gekennzeichneten Erkrankungen äußert. Bei Welpen kann plötzlicher Herztod auftreten. Der Erreger ähnelt dem Katzenseuchevirus; eine wechselseitige Ansteckung zwischen Hund und Katze ist jedoch nicht möglich. Die Ansteckung erfolgt über Ausscheidungen von Hund zu Hund, aber auch durch Verschleppung angetrockneter Ausscheidungen, zum Beispiel an Kleidungsstücken.

Impfungen schützen vor diesen Infektionskrankheiten

Welpen in gefährdeten Zuchten oder ungeimpfte Hunde mit verdächtigen Krankheitserscheinungen können mit einem Serum behandelt werden, das fertige spezifische Abwehrstoffe enthält. Diese „passive Immunisierung" schützt aber nur für zwei bis drei Wochen. Der Käufer eines Hundes sollte den Impfpaß daraufhin genau prüfen.

Länger dauernden Schutz vermittelt nur die „aktive" Schutzimpfung. Dabei werden abgeschwächte oder abgetötete Infektionserreger eingeimpft. Der Körper reagiert darauf mit der Bildung eigener Abwehrstoffe. Bei den heute üblichen Kombinationsstoffen kennzeichnen die Buchstaben S, H, L, T und P die Wirksamkeit gegen die in Frage kommenden Seuchen. Welpen werden mit sechs bis acht Wochen das erste Mal geimpft und müssen dann mit etwa zwölf Wochen nach Impfplan nachgeimpft werden. Bei älteren Hunden genügt eine einmalige Grundimmunisierung.

Der einmal gebildete Impfschutz baut sich im Laufe der Zeit ab. Kommt der Hund mit betreffenden Seuchenerregern in Berührung, so wird die Antikörperbildung aufgefrischt. Ist der Impfschutz aber bereits zu stark abgesunken, kann der Hund erkranken. Deshalb sind Auffrischungsimpfungen im Abstand von ein bis zwei Jahren erforderlich. Gegen die seit einiger Zeit wieder in bedrohlichem Umfang auftretende Staupe ist die **jährliche** Impfung dringend zu empfehlen, zumal bei einigen Kombinationsimpfstoffen der Staupeschutz ein Schwachpunkt zu sein scheint.

Ch. Vasilly von Laredo im Alter von 16 Monaten

Ein sicherer Impfschutz des Hundes ist auch für den Menschen wichtig. Erkrankte Hunde können Leptospiren übertragen, die beim Menschen das „Canicola-Fieber" oder die „Weilsche Krankheit" hervorrufen. Hundetollwut ist wegen des engen Kontaktes für Menschen viel gefährlicher als Wildtollwut. Geimpfte Hunde übertragen keine Tollwut. Nach einem Kontakt mit verdächtigem Wild brauchen sie deshalb auch nicht getötet zu werden, wie dies für ungeimpfte Hunde gesetzlich vorgeschrieben ist.

Gegen andere Infektionen schützt Vorsicht

Toxoplasmose wird durch einzellige Schmarotzer hervorgerufen. Ihr Stammwirt ist die Katze. Bei anderen Tieren werden ansteckungsfähige Dauerformen gebildet. Hunde erkranken überwiegend durch infiziertes Schweinefleisch. Für die Ansteckung des Menschen wurden sie früher zu Unrecht verantwortlich gemacht.

Aujeszkysche Krankheit wird ebenfalls durch Schweinefleisch übertragen. Unstillbarer Juckreiz, Unruhe, Ängstlichkeit und Speichelfluß haben gewisse Ähnlichkeit mit Tollwut. Die Krankheit wird daher auch „Pseudowut" genannt. Schweinefleisch und in der Zusammensetzung unbekannte Fleischmischungen, zum Beispiel aus Supermärkten, müssen deshalb gut durchgekocht werden. Fertigfutter und Rindfleisch sind dagegen unbedenklich.

Zwingerhusten tritt vor allem in Tierheimen und Hundehandlungen auf. Unter begünstigenden Umständen lösen Viren und Bakterien gemeinsam Entzündungen von Luftröhre und Bronchien aus. Kennzeichnend ist ein kurzer, trockener Husten. Sekundärinfektionen können den Krankheitsverlauf verschlimmern. Während des Urlaubs sollte man seinen Hund nicht in unbekannte Heime oder Pensionen geben oder ihn vorsorglich auch gegen Zwingerhusten impfen lassen.

Wurmkuren gegen unerwünschte Kostgänger

Spulwürmer können bei Junghunden zu Verdauungs- und Entwicklungsstörungen, zu Vergiftungserscheinungen und sogar zum Tod führen. Fast alle Welpen werden im Mutterleib mit Spulwürmern infiziert. Die ersten Wurmkuren soll schon der Züchter durchführen. Junghunde werden vierteljährlich entwurmt. Ältere Hunde beherbergen nur noch einzelne Würmer. Sie richten zwar keinen großen Schaden an, sind aber eine ständige Infektionsquelle. Hündinnen sollten zumindest sechs Wochen nach jeder Läufigkeit, Rüden mindestens einmal jährlich entwurmt werden. Bei

Gesundheit

festgestelltem Wurmbefall ist eine sofortige Entwurmung mit einer Wiederholungsbehandlung nach zwei bis drei Wochen erforderlich. Rohe Möhren garantieren keine Wurmfreiheit. Wirksame und verträgliche Mittel sind verschreibungspflichtig. Sie wirken auch gegen andere Rundwurmarten, zum Beispiel gegen Hakenwürmer.

Spulwürmer sind auf ihre Wirtstierarten spezialisiert; wenn der Mensch Hundespulwurmeier aufnimmt, schlüpfen zwar Larven und beginnen ihre Wanderung im Körper, sie bleiben jedoch in Organen oder Muskeln stecken und können dort schmerzhafte Entzündungen verursachen. Besonders gefährdet sind „Krabbelkinder". Wurmkuren dienen daher auch dem Gesundheitsschutz der Familie.

Bandwürmer brauchen für ihre Entwicklung stets einen Zwischenwirt. Für den Hundebandwurm ist dies der Floh. Er nimmt die Wurmeier auf, aus denen sich eine Finne entwickelt. Der Hund „knackt" den Floh, die Finne wächst im Hundedarm zum fertigen Bandwurm aus. Mit dem Kot erscheinen nach geraumer Zeit einzelne kürbisförmige, anfangs noch bewegliche Bandwurmglieder oder ein längeres, deutlich gegliedertes Wurmende.

Es gibt heute neben speziellen Spulwurm- und Bandwurmmitteln auch Präparate, die gegen beide Parasitenformen wirksam und dabei gut verträglich sind. Empfehlenswert ist eine systematische vierteljährliche Bandwurmbehandlung des Hundes. Zur Bandwurmkur gehört stets eine Flohbehandlung von Hund und Lager.

Besonders bei Jagdhunden kann auch der „gesägte Bandwurm" auftreten, dessen Zwischenwirte Hasen und Kaninchen sind. Andere Bandwurmarten, die durch Fisch oder Wild, Rinder- oder Schafeingeweide übertragen werden, kommen seltener vor. Dazu zählt der „dreigliedrige Bandwurm", der auch dem Menschen gefährlich werden kann. Der Hund sollte zur Vorbeuge keine rohen „Konfiskat"-'Innereien erhalten und daran gehindert werden, Kadaver von Wildtieren anzufressen. Für Menschen besonders gefährlich ist der vor allem in einigen Gegenden Mittel- und Süddeutschlands verbreitete „Fuchsbandwurm", der auch durch Hunde übertragen werden kann. Neben regelmäßigen Bandwurmkuren ist es die beste Vorbeuge, den Hund in Wald und Flur anzuleinen.

Gefahren für die menschliche Gesundheit?

Impfungen und Wurmkuren schränken Ansteckungsgefahren ein. Hygiene tut ein übriges: Selbstverständlich hat der Hund sein eigenes Lager und Futtergeschirr; beides ist peinlich sauber. Rasen und Wege werden von Hundekot freigehalten. Der Hund

Verzärteln muß man den Yorkie nicht, auch im Schnee kann er seinen Spaß haben

wird so erzogen, daß er das Gesicht nicht ableckt. Das Belecken der Hände ist Ausdruck seiner Zuneigung. Man darf sie dulden, denn man kann sich die Hände anschließend waschen. Vorsichtige können Lager, Hütte und andere hygienegefährdete Stellen und Gegenstände regelmäßig desinfizieren. Die Mittel sollen gegen Viren, Bakterien und Pilze wirken. Zur Schnelldesinfektion eignet sich ein „Desinfektspray", der auch Ektoparasiten abtötet.

Besonders angezeigt sind solche Maßnahmen, wenn der Hund eiternde Wunden, Ekzeme, Furunkel oder eine Vorhaut-, Zahnfleisch- oder Mandelentzündung hat. Diese Infektionen sind konsequent zu behandeln. Eitererreger können auch beim Menschen Komplikationen verursachen. Vorsicht ist stets bei schlecht heilenden oder sich ausbreitenden Ekzemen geboten: Räudemilben sind zwar auf Tierarten „spezialisiert", können jedoch auch beim Menschen juckende Hautrötungen verursachen. Hautpilzinfektionen sind auf Menschen übertragbar. Daher sollte man umgehend eine Spezialuntersuchung und Behandlung veranlassen. Pilzinfektionen entstehen nur, wenn sich die Erreger länger als 12 bis 24 Stunden auf der menschlichen Haut einnisten können. Gründliches Waschen bannt die Gefahr. Zusätzliche Sicherheit bietet ein Handdesinfektionsmittel, das nach Berührung verdächtiger Stellen oder Ausscheidungen in die Hände eingerieben wird.

Allergien sind auch durch größte Sauberkeit nicht immer zu vermeiden. Einige Menschen reagieren bei Kontakt mit Tierhaaren und -hautteilen mit Ausschlägen oder Atembeschwerden. Katzen, Meerschweinchen und Vögel sind viel öfter als Hunde die Auslöser; viele andere pflanzliche und tierische Stoffe kommen hinzu. Die Allergieursache kann von einem Hautarzt durch Spezialtests auf der Haut ermittelt werden. Auf Verdacht braucht also kein Hund abgeschafft zu werden. Und vor der Anschaffung eines Yorkshire Terriers brauchen auch gesundheitsbewußte Hundefreunde nicht zurückzuschrecken.

Der Yorkshire Terrier im Alter

Sorgsam gehütet und gut versorgt, ohne dabei zu übertreiben, kann ein Yorkshire Terrier zwölf Jahre und älter werden. Daß er überhaupt älter wird, ist ihm zunächst nicht anzumerken, selbst wenn man ihm jeweils zum Geburtstag einen Extrahappen gönnt. Er ist eben ein Terrier, und diese sind, nicht zuletzt dank veterinär-medizinischer Forschung und Versorgung, vital bis ins hohe Alter. Aber irgendwann fordern die Jahre doch ihren Tribut, der Yorkie läßt es langsamer angehen, wird bedächtiger, sein Schlafbedürfnis nimmt zu, die Ausdauer bei Spaziergängen und Spiel ab.

Sie werden die Ernährung umstellen müssen, das heißt, eine leichtere Kost mit zusätzlichen Vitamingaben ist vonnöten. Der Tierarzt kann zusätzlich für Hunde geeignete Geriatrika verordnen, überhaupt wird eine häufigere Untersuchung

Großmutter, Mutter und Enkelin

durch den Arzt empfohlen. Ein Alterswehwehchen zu Beginn erkannt und behandelt, ist immer günstiger zu beeinflussen, als wenn diese Art der Erkrankung chronisch geworden ist.

Niemals dürfen Sie jedoch bei der täglich notwendigen Pflege nachlässig werden, gerade ein älterer Hund genießt diese ihm zuteil werdende Fürsorge. Die zarten Bürstenstriche sind eine gute Massage für Körper und Haut und aktivieren die Lebensgeister.

Wahrscheinlich ohne daß Sie es bemerken, wird bei Ihrem Vierbeiner das Augenlicht abnehmen, da ein Hund jedoch mehr mit der Nase sieht, stört dies in gewohnter Umgebung sowieso nicht. Schlimmer ist es, wenn er taub wird, er kann keine Geräusche mehr wahrnehmen, auch unsere Stimme nicht und darf dann keinesfalls im offenen Gelände frei laufen.

Eine unheilbare, mit großen Schmerzen verbundene Krankheit oder aber, wenn der Vierbeiner durch sein lethargisches Verhalten anzeigt, daß seine Lebensuhr abgelaufen ist, zwingt uns zu einem letzten Dienst an ihm. Dieser Entschluß ist schwer, aber wir sind es dem langjährigen, treuen Gefährten schuldig.

Nehmen Sie ihn letztmalig liebevoll in den Arm und lassen Sie Ihren Yorkie durch den Tierarzt einschläfern. Wir haben beim Hund diese Möglichkeit, ihm derart ein langes und qualvolles Siechtum zu ersparen, man sollte sie nutzen.

Der sicherste Trost über den Verlust ist ein neuer, ein anderer Vierbeiner. Haben Sie Spaß und Freude an einem Yorkshire Terrier gehabt, werden Sie sich wieder für diesen temperamentvollen kleinen Terrier entscheiden. Ein Yorkshire Terrier ist und bleibt einer der attraktivsten Kleinhunde.

Anhang

Anschriften, die Sie kennen sollten

Klub für Terrier e. V. (KFT)
gegründet 1894
Hauptgeschäftsstelle: Postfach 13 28
65442 Kelsterbach/Main

1. Deutscher Yorkshire-Terrier-Club e. V.
(1. DYC) gegründet 1981
Info: Gruberstr. 18, 90613 Großhabersdorf

Club für Yorkshire-Terrier e. V.
Info: Am Karpfenteich 11, 31535 Neustadt

Diese Vereine betreuen den Yorkshire Terrier und führen ein Zuchtbuch.
Sie sind Mitglied im:
Verband für das Deutsche Hundewesen e. V. (VDH)
Postfach 10 41 54, 44041 Dortmund

Für den Breitensport ist zuständig in der Bundesrepublik Deutschland:
Deutscher Hundesportverband e. V. (DHV)
Geschäftsstelle: Gustav-Sybrecht-Str. 42
44536 Lünen

In **Österreich** gibt Auskunft:
Österreichischer Kynologenverband
Johann-Teufel-Gasse 8, A-1238 Wien

In der **Schweiz** wende man sich an die
Schweizerische Kynologische Gesellschaft,
Länggasstr. 8, CH-3012 Bern

Importierte Yorkshire Terrier benötigen für die Anerkennung und Aufnahme in ein deutsches Zuchtbuch eine Export-Ahnentafel (Export pedigree), ausgestellt von dem für das betreffende Land zuständigen FCI-anerkannten Dachverband (Kennel Klub).
Hier einige Anschriften:

Belgien
Union Cynologique Saint-Hubert
98, Avenue Albert Giraudlaan
B-1030 Brüssel

Dänemark
Dansk Kennel Klub
Parkvey 1, Jersie Strand
DK-2680 Solrød Strand

Frankreich
Société Centrale pour l'Amelioration des Races de Chiens en France
155, avenue Jean Jaurès
F-93535 Aubervilliers Cedex

Großbritannien
The Kennel Club
1–5 Clarges Street, Piccadilly
GB-W1Y 8AB, London

Irland
Irish Kennel Club
Fottrell House
Unit 36-Greenmount
Office Park
(Harold's Cross Bridge)
IRL-Dublin

Luxemburg
Union Cynologique Saint Hubert du Grand Duché du Luxemburg
Boite Postale 69
L-4901 Bascharage

Niederlande
Raad van Beheer op Kynologisch Gebied in Nederland
Postbus 75091
NL-1070 AX Amsterdam Z

Literatur

BECKMANN, L.: Geschichte und Beschreibung der Rassen des Hundes. Braunschweig 1895. Reprint Verlag Helga Fleig.
BRUETTE, W. A.: The complete Dog Book. Steward Kidd Company, Cincinnati, USA, 1922.
BUCKLAND, JANE: Terriers. B. T. Batsford LTD, London 1961.
BUNGARTZ, J.: Der Luxushund. 1888. Reprint Verlag R. Kuballe, Osnabrück.
DANGERFIELD, S./HOWELL, E.: The International Encyclopedia of Dogs. Pelham Books Limited, London 1971.
FIEDELMEIER, LENI: Yorkshire Terrier. Albrecht Philler Verlag, Minden (Lehrmeister-Bücherei Nr. 517).
HILL, W. J.: Our Canine Companions. Swan Sonnenschein & Co. London 1891.
HOEVEN DE MEYIER, B. V. D: Terriers. Verlag Thieme, Zutphen/NL 1969.
HORNER, TOM: Terrier of the World. Dt. Übersetzung, Kynos Verlag.
HOWARD, E. M.: Your Yorkshire Terrier. Denlinger's, Fairfax, Virginia/USA 1972.
SHAW, V.: The Illustrated Book of the Dog. 1879/1881. Reprint Crown Publisher Inc. USA.
VOSS, INA/LIPPA, L. V.: Das Kleinhundebuch. Otto Meissner Verlag 1966 (Buchreihe Freund Hund Band 22).
WATSON-KUMMER, C.: Yorkshire Terrier Handbuch. Eigenverlag 1976.

Über den Yorkshire Terrier erscheinen Veröffentlichungen in:

DOG WORLD, OUR DOGS (beide Großbritannien)
DER TERRIER (Mitteilungsblatt des Klub für Terrier e. V. von 1894)
YORKSHIRE JOURNAL (Mitteilungsblatt des 1. Deutschen Yorkshire-Terrier-Clubs e. V.)
UNSER RASSEHUND (Offizielles Organ des Verbandes für das Deutsche Hundewesen e. V.)

Weiterführende Literatur aus dem Parey Buchverlag

BEYERSDORF, P., 1993: Dein Hund auf Ausstellungen. 2. Auflage
BURTZIK, P., 1996: Erziehung und Ausbildung des Hundes. 5. Auflage.
FIEDELMEYER, L., 1983: Kauf, Pflege und Fütterung des Hundes. 3. Auflage.
HEGENDORF, 1980: Der Gebrauchshund. Haltung, Ausbildung und Zucht. 14. Auflage
KOBER, U., PEPER, W., 1995: Pareys Hundebuch. 2. Auflage.
POORTVLIET, R., 1987: Mein Hundebuch. 2. Auflage.
QUEDNAU, F., 1987: Rechtskunde für Hundehalter.
SCHMIDTKE, H.-O., 1984: Gesundheitsfibel für Hunde. 2. Auflage.
WEIDT, H., 1996: Der Hund, mit dem wir leben: Verhalten und Wesen. 3. Auflage.

Anhang

Bildnachweis

Seiten 2, 35, 51, 56, 75, 78, 93, 98
NORBERT ALBRECHT, Wilhelmshorst

Seiten 10, 30, 33, 44, 63, 84, 90, 96
MARGARETHE HAGAUER, Ronneburg

Seiten 17, 18, 26, 47, 70
ROBERTO TIERFOTOGRAFIE, Gronau

Seiten 21, 24, 29, 37, 39, 61, 68
URSULA ZIMMERMANN, Dortmund

Seiten 41, 77
ROLF HINZ, Wedel

Seite 53
INTERESSENGEMEINSCHAFT DEUTSCHER HUNDEHALTER E. V., Hamburg

Seiten 31, 65
FRANZ GORSKI, Frankfurt

Die Zeichnungen fertigte Gisela Jahrmärker, Berlin.

Die übrigen Abbildungen stammen aus dem Besitz der Verfasserin.

Anmerkung

Das vorliegende Buch ist als italienischsprachige Ausgabe 1991 unter dem Titel „Lo Yorkshire Terrier" bei Gaetano Turrini Editore, Arco (TN), und als ungarischsprachige Ausgabe 1995 unter dem Titel „Yorkshire Terrier" bei Azimex BT, Budapest, erschienen.

Rund um den Hund!

U. Kober / W. Peper
Pareys Hundebuch
2., neubearbeitete Auflage.
1995. 271 Seiten mit
252 Abbildungen,
davon 210 farbig.
14 x 22 cm. Gebunden.
DM 58,– / öS 429,– / sFr 58,–
ISBN 3-8263-8033-9

Der kindersichere Hund
Freund, Beschützer, Spielgefährte
1996. Ca. 120 Seiten mit
ca. 60 farbigen Abbildungen.
14,5 x 19 cm. Gebunden.
DM 29,80 / öS 221,– / sFr 27,50
ISBN 3-8263-8407-5

R. Poortvliet
Mein Hundebuch
Aus dem Holländischen.
2. Auflage.
1987. 232 Seiten mit über
750 meist farbigen Zeichnungen.
22 x 28 cm. Gebunden.
DM 64,– / öS 474,– / sFr 64,–
ISBN 3-8263-8261-7

H. Niemand / P. Suter (Hrsg.)
Praktikum der Hundeklinik
Mit Beiträgen von J. Arndt,
S. Arnold, B. Bigler et al.
8. Auflage. 1994. XXII, 816 S. mit
405 Abb., davon 60 farbig, 123 Tab.
21 x 28 cm. Gebunden.
DM 228,– / öS 1687,– / sFr 228,–
ISBN 3-8263-3002-1

Preisstand: 1. Juni 1996

Parey Buchverlag · Berlin